¡Ssssssshhhhhhhhhhh!

Haz del teatro algo íntimo

Llévalo siempre en el bolsillo

Cubierta y diseño editorial: Éride, Diseño Gráfico
Dirección editorial: ángel jiménez

Primera edición: mayo, 2025

Aventuras y desventuras de Sancho Panza.
El aprendiz de Woody Allen
© Pedro Javier
© VdB, 2025
Espronceda, 5
28003 Madrid

VdB®

ISBN: 979-13–87644–20–8
Depósito Legal: M–12437–2025
Diseño y preimpresión: Éride, Diseño Gráfico

 **Este libro protege el entorno**

aventuras y desventuras de Sancho Panza

Pedro Javier

Nace en Madrid el 5 de Agosto de 1959. Iba para locutor de radio, pero finalmente se decantó por los escenarios. Muy joven, comienza sus estudios de Arte Dramático a las órdenes del prestigioso director Don Antonio de Garay. A continuación debe cumplir con el Servicio Militar. Finalizado el mismo, debuta profesionalmente con Esperanza Roy, en la comedia *Llámame... señora*. Obteniendo el certificado de meritoriaje. Durante su dilatada trayectoria, ha actuado con nombres de la escena tan consagrados como Mary Paz Pondal, Máximo Valverde, Florinda Chico, Lola Herrera, Arturo Fernández, Pepe Rubio, Joaquín Kremel, Rosa Valenty, Addy Ventura, Raúl Sénder, Loles León, Quique Camoiras, Elisa Ramírez, Josema Yuste, Andoni Ferreño, Pedro Osinaga, o Lara Dibíldos, entre otros. Ha hecho géneros muy diversos: comedia, drama, revista, vodevil, clásico, zarzuela, doblaje o musicales infantiles. Lo que lo convierte en un actor «todo terreno». Tiene varios premios, destacando el «Premio ABC Serrano 51», «Excelentísimo Ayuntamiento de Zaragoza», «Premio Mitomanía al Mejor Actor Cómico», «Mejor Interpretación Dramática. Festival de Teatro Independiente». Aparte de su labor como intérprete, también se añade la de autor. Ha escrito varias comedias, *sketchs* y monólogos, así como adaptador de varios textos. El afamado director teatral Jaime Azpilicueta escribió: «Pedro Javier sabe subir a la categoría de primer actor con una honradez y un merecimiento absolutos. Y puede estar al lado de grandes figuras, sin desmerecerlas lo más mínimo».

PEDRO JAVIER

aventuras y desventuras
de Sancho Panza

Versión y adaptación de la novela homónima
de
Miguel de Cervantes Saavedra

Esta función se estrenó en el Centro Cultural «El Parque»
de Torrejón de Ardoz, Madrid, el 18 de abril del 2024 interpretada por
Pedro Javier (SANCHO PANZA).

Dirección: Francisco Prado.

Prólogo

El autor y actor Pedro Javier ha decidido que usted no se levante de la silla a partir de este momento.

Y no lo hará porque *Aventuras y desventuras de Sancho Panza* que es la obra que va a disfrutar le va a sorprender sonriendo, al principio, riendo abiertamente, un poco después, y a carcajada limpia en múltiples ocasiones.

Cervantes solo describió a Sancho Panza, de una manera burlona, como «de barriga grande, el talle corto y las zancas largas». Y lo arregló añadiendo que era «bebedor, glotón, perezoso e interesado».

En esta versión tan divertida como emotiva, Pedro Javier le va a mostrar que Sancho, esposo de Teresa Panza y padre de cinco hijos, es además de todo lo que dijo Cervantes, un tipo divertido, socarrón y al que casi se le escapa una lagrimilla cuando rememora las locuras a las que lo arrastró su amo y de las que él procuraba evitar que el Hidalgo se estrellase o acabara con la triste figura hecha un escombro.

Lo que está a punto de ver ocurrió años después de que Don Quijote de la Mancha, falleciera tras perder la batalla en la playa de Barcelona contra el Caballero de la Blanca Luna.

Justo en su propio lecho, antes de ir con Dios, recobró la cordura.

Esta historia es una adaptación teatral de la obra homónima de Don Miguel de Cervantes. El autor de la misma es Pedro Javier. La dirección escénica es de Francisco Prado y la producción es de El rincón de Nano Teatro.

La acción también transcurre en un pueblo de La Mancha, y de cuyo nombre, el autor —al igual que don Miguel—, tampoco se acuerda.

En el patio de su hogar, Sancho Panza, siente nostalgia por todas las aventuras compartidas con su hidalgo Don Quijote y mirando al cielo le habla, por si él pudiera escucharlo.

No se pierda a un Sancho, que aunque ya está más mayor, que como se le recuerda de los dibujos del mil seiscientos y pico… le va a hacer olvidar cualquier preocupación con un monólogo desternillante casi siempre… y emotivo, a veces.

Disfruten de *Aventuras y desventuras de Sancho Panza.*

Disfruten de Pedro Javier en vena.

Jesús Locampos.
Periodista y escritor.

Personajes

Sancho Panza

Don Quijote

1

Acto único

La acción se desarrolla en la hacienda de
SANCHO PANZA, *quien fuese escudero y compañero de caminos del muy famoso hidalgo
Don Quijote de la Mancha. Al fondo del escenario, un ciclorama sobre el que se ve pro-
yectada la imagen del patio de una casa rús-
tica de la epoca. Acaso en el centro del escenario, un pozo. A la derecha, un par de si-
llas castellanas. En la parte izquierda, un
cesto grande y una banqueta redonda de ma-
dera. Por algún otro lugar, instrumentos de
labranza para el campo. Al comienzo de la
representación se escucha una música de estilo medieval. Poco a poco, el telón va subiendo. No está excesivamente iluminada la
escena, ya que es de noche. Pero la luz de la
luna toma notable presencia sobre el deco-
rado. Hay un fundido de música, de pronto
empezamos a oír el fragor de una batalla.
Choque de aceros, voces, relinchos de caba-
llos, etc. Al igual que la música va disminu-
yendo, hasta llegar a ser imperceptible. Hay
un breve silencio. De pronto, se escucha el
canto de los grillos en la calurosa noche man-
chega. A continuación, el sonido de una vieja puerta que se abre, por la izquierda, el bri-
llo de una luz. Acto seguido, vemos aparecer a SANCHO PANZA en escena. Es como ya*

lo describiese Cervantes en su inmortal obra.
lleva puesto un camisón largo y calzado de
la época. Su aspecto es de hombre sano, fuer-
te y campechano. Bosteza, se rasca la barri-
ga y camina de la típica forma de quien aca-
ba de salir de la cama. Esta es, para él, una
noche de insomnio. Se acerca al pozo, mira
al cielo y se encoge de hombros. Se infunde
valor y animo y habla como quien entabla
conversación con un ser querido, difunto.

SANCHO PANZA   Buenas noches tenga vuesa merced, mi señor don Alonso Quijano… llamado «El Caballero de la Triste Figura» y famoso en todo el orbe como don Quijote... Aquí me tenéis, al amparo de las estrellas y a la luz de la luna en tierra castellana. Aquí nací y a grande honra lo tengo. Esta es de esas noches que –vaya uno a saber– el sueño no lo acompaña. Y por eso he salido a echar una plática con vos. Ya… ya sé que, dicho de modo tal, mueve a sinrazón o a desvarío. Pero tampoco veo nada malo en ello si el que os habla –en este caso yo– cree tener en orden todas y cada una de sus facultades. ¿Hay acaso algo condenable en conversar con una persona ausente? A mi modo de entender y ver las cosas, no. También en la iglesia y en el camposanto se hace y a nadie tienen por loco. De repente he sentido el deseo de comenzar esta charla, en recuerdo de los viejos tiempos. Aquellos de las mil aventuras y dos mil desventuras vividas por entrambos dos.

(*Pausa.*)

¿Se acuerda vuesa merced?... Aquí fue donde empezó todo. ¡Ay, mi señor!... Tiempo ha que decidísteis partir de este valle de lágrimas y cabalgar a lomos de vuestro fiel Rocinante por los altos parajes celestiales. No sé si el Todopoderoso os habrá hecho muchas preguntas sobre aquello cuanto hicísteis en vida terrena. Sin contar los enredos en que os metísteis, por culpa de esos endemoniados libros de caballerías que tanto gustábais de leer. Porque, lo grave de estar difunto, es que nadie viene a contarnos qué hay por allá arriba. O qué es eso que llaman «el juicio final». Y mirad que había gente que pensaba de vos –aún en vida– que ya teníais el juicio bastante «finalizado».

(*Hace el gesto de locura con su dedo índice junto a la sien.*)

Dicho sea, vaya esto por delante, con los debidos respetos. Aunque si lo piensa uno fríamente... ¿quién no ha cometido alguna sinrazón a lo largo de su existencia? Que nadie somos perfectos y hasta el mejor escribano echa borrones. Pero vuesa merced convendrá conmigo que los líos en que os metísteis, sin comerlo ni beberlo, tampoco eran síntoma de «excesiva cordura». Y por ende, en los que yo también tuve parte activa, en contra de mi voluntad y mi deseo. ¡Encima, llevando, este que os habla, la peor de todas! Porque si el armado caballero erais vos, según la jerarquía, os correspondía recibir mayor cantidad de estacazos. Yo, al fin y al cabo, ¿quién era?... ¡Un simple escudero! que como reza el dicho castellano: «el bien que viniere, para todos sea. Y el mal, de quien lo fuere a buscar». Pero yo no sé cómo, lo hallaba servido a manos llenas sin ir a su encuentro. Y en lugar de negar que os conocía, como hizo san Pedro con nuestro Señor, parecía que llevase escrito en la frente: «en lo bueno y en lo malo, para dos sean los palos».

(*Pausa.*)

Pero… ¡Bah!... ¿De qué sirve ya lamentarse?... ¿Y sabéis una cosa?... que a pesar de nuestras muchas aventuras y no pocas desventuras, todavía sueño que salgo a cabalgar junto a vos, por esos caminos, tratando de ayudar a los desfavorecidos y socorrer a los menesterosos. Pero todo eso ya es historia. Aunque pudiera darse el caso de que todas aquellas nuestras hazañas llegaran a verse reflejadas en un montón de escritos, que en vano espera el hijo de mi madre. Porque cuando yo sea famoso, como vuesa merced, también estaré «segando con los santos».

(*Señala al cielo.*)

Que de ese mal no nos libramos nadie. Pues como dice el señor cura: «al meternos tierra adentro, por tan estrecha senda va el príncipe, como el jornalero».

(*Nueva pausa.*)

Y os diré otra cosa, mi señor don Quijote: aún con más golpes que abrazos y mayor necesidad que abundancia, añoro aquellas pasadas gestas. Que si uno de esos sabios y encantadores –muy vuestros amigos – las hubiese relatado en algún escrito, cobraría mayor honra, gloria y fama de las que ya gozase. Aunque me pareció escuchar que cierto caballero –natural de Alcalá de Henares– había hecho mención de tales sucesos en un libro titulado *El ingenioso hidalgo Don Quijote de La Mancha*, alabando vuestra grandeza, vuestra valentía extrema y vuestros finos modales. Mas también haciendo notar vuestra carencia de cordura. En cambio yo... ¿quién era?... ¿El tonto del pueblo que os acompañaba? Porque, ¡de acuerdo!, ¡vos erais más letrado que yo!, pero por incluirme a mí también, no hubiese cometido falta o pecado. Aunque yo tampoco se lo tomo a mal. Estuve ahí y es lo que cuenta.

(*Pausa.*)

¡Y hablando de «contar»! Ya que la noche se presta y el sueño no me rinde, como ya os dije, ¿qué le parece a vuesa merced si recordásemos juntos algunas de aquellas historias que a vos proporcionaron fama y a mí alguna que otra magulladura? Total, allá donde os encontráis, no creo que vayan a deciros nada por trasnochar. Y en tal caso, echadme a mí la culpa y… ¡a otra vela, sacristán!

(*Pausa larga. Queda pensativo unos segundos.*)

Ahora que voy haciendo memoria… ¿os acordáis, mi señor, de la aventura de los yangüeses? Doy por seguro que sí. Y si el cerebro flaquea, nuestros huesos podrán dar mejor fe. Que de caer en algún yerro o mal testimonio, vos bien me podréis corregir la errata. Aunque bien pensado, tampoco es cosa de haceros venir de «tan lejos» para enmendarme la plana. No... mejor, dejádmelo a mí y así concluimos antes. Mas... ¡vamos a nuestro relato! Célebre fue nuestro encuentro con los yangüeses. Aunque no por vuestra causa o por la mía, si no por la de vuestro caballo Rocinante pues de haber hecho «orejas sordas» a su naturaleza animal, de otro hilo nos hubiese salido el paño porque recordaréis que, tras un largo recorrido, hicimos parada en un prado para reponer nuestras mermadas fuerzas con lo poco más que mucho que llevábamos en las alforjas. Mientras que mi buen rucio y vuestro caballo daban cuenta del abundante pasto que en el tal lugar se hallaba. Mas dispuso el diablo, que no siempre duerme, que anduviese por los alrededores una manada de jacas galicianas de unos arrieros yangüeses. Y vino a acontecer que a Rocinante lo llamó el deseo de refocilarse con las señoras jacas. Que así como le llegó a los hocicos el perfume a hembra, cogió trote picado. Y sin encomendarse al cielo o al averno, partió a comunicarle a las interesadas sus… «intereses». Aunque, en no faltando a la verdad, ellas de poco interés dieron muestra. Ya que lo único verde que apetecían, eran los lugareños pastos. Y presintiendo las jacas la cercanía de vuestro caballo –que para ser caballo «ya se había puesto burro»– recibiéronlo al infeliz con herraduras y dientes. De tal modo y manera, que al poco tiempo se le quebraron las cinchas, quedando así despojado de la silla y con todas sus vergüenzas al aire. Pero aquello no fue todo ya que viendo los arrieros la fuerza que a sus yeguas se les hacía, acudieron con estacas y… ¡ahí fue la suya! Tal cantidad de palos le asestaron al osado «pretendiente» que poco tardó en dar con sus frágiles huesos en el suelo. Y allí nos vimos, ambos dos, yendo a mayor trote que el molido Rocinante y echando los hígados para acudir en su auxilio. Ya que vos, tomando por muy grave ofensa la conducta de aquellos hombres, os dejásteis llevar. Que aún resuena en mis oídos vuestra arenga, mientras nos dirigíamos al lugar donde se estaba consumando tamaña barbarie.

(*Imita el modo de hablar de* DON QUIJOTE.)

«A lo que yo veo, amigo Sancho, estos no son caballeros sino gente soez y de baja ralea… Dígolo, porque bien me puedes ayudar a cobrar venganza del agravio que delante de nuestros ojos se le hace a Rocinante».

(*Breve pausa.*)

Y con espada en mano os dispusísteis a tomar debida satisfacción de semejante afrenta. Que no sé yo de qué manera podía uno satisfacerse, cuando ellos eran más de diez hombres y nosotros, solo dos. Y así se lo hice notar a vuesa merced. Pero como no hay más terco que el que no quiere entender, replicásteis:

(*Imita el modo de hablar de* DON QUIJOTE.)

«¡¡Yo valgo por cien!!».

Cosa la cual, mi señor, jamás puse en entredicho. Pero se ve que en aquella ocasión y sospechando el devenir de los acontecimientos, los noventa y nueve restantes se lo pensaron mejor y pusieron pies en polvorosa para no entrar en conflicto. Y por más que os imploré, rogué y supliqué... ¡vos, a lo vuestro! Tirásteis de espada, arremetiendo contra los yangüeses. De primeras, dísteis tal cuchillada a uno de ellos, que se le abrió el sayo de cuero con que venía vestido. El resto, viéndose atacado de tal manera, fueron de nuevo a por sus estacas. Y rodeándonos de forma que no hallásemos escapatoria, nos «menudearon» las espaldas, según les iba dictando su ira. A mí, sin ser monaguillo, «me santiguaron» los hombros con tal saña, que se me fue la vista de los ojos y la fuerza de los pies... ¡Y vos, no digamos!... Que para no ser harina de almortas, salísteis bien... «despachado». Y eso que, según vuesa merced, estábais curtido en mil batallas y teníais el cuerpo acostumbrado a los golpes. Pero no tanto yo –¡pecador de mí!–, siendo el mío más ancho que el vuestro... Pues con tal furia me zurraron que, sin haber nacido trigo, me molieron a placer. En conclusión: que para lo único que sirvieron vuestro ánimo y destreza, fue para caer de bruces junto a vuestro caballo. Y yo, más a trozos que completo. Y de tal guisa quedamos vuesa merced, yo y Rocinante, sin que ninguno

de vuestros muy mucho amigos, caballeros, sabios o encantadores, se dignasen
aparecer para echarnos una mano y así
mejor salir del trance. Porque los arrieros
yangüeses, viendo que ya nos habían
«apaisado» la figura más que suficiente,
cargaron pronto y con presteza su recua y
prosiguieron camino.

(*Breve pausa.*)

Entonces, como buenamente pude, me llegué a vuestro lado y dije: «¡¡Ay, mi señor
don Quijote!!.... querría, si ello fuere posible, que vuestra señoría me diese un par
de tragos de esa milagrosa bebida de la que
me habéis hablado en alguna ocasión que
otra, «el bálsamo del feo Blas», o como se
diere en llamar el susodicho brebaje, que
quizá valiese de provecho para el quebran-
tamiento de huesos, como lo es así para
las «feridas». A lo que vos, que apenas
podíais pronunciar palabra, respondísteis:
«¡Sancho!... ¡Hermano!... Pues a suerte de
tenerlo conmigo... ¡Desgraciado yo! ¿Qué
nos faltara? Pero juro, a fe de caballero andante, que antes que pasen dos días –si la
fortuna no dispone otra cosa– lo he de tener en mis manos». Que, ya puestos, podíais haberme dicho cuántos días íbamos
a tardar en lograr que las piernas volvie-
ran a respondernos. Y como buenamente
pudimos, entrambos intentamos alzar al

maltrecho Rocinante. Lo que solo Dios sabe es cómo pudo ser que nos alzáramos nosotros también. Pues de saber que tales desgracias eran propias de la orden de caballería, hubiéseme holgado de enterarme antes. Porque lo sufrido en nuestras carnes, no fue causa de gusto o capricho. ¡Si hubo algún culpable de nuestros males, fue vuestro caballo! Que de no haber sido tan «ligero de cascos» mejor suerte hubiésemos corrido vuesa merced y yo. En cambio, mi jumento salió libre y sin costas, de donde nosotros habíamos salido sin costillas. Y tras tanto golpe, me acordé de aquella sentencia que vos decíais muy de cuando en cuando: «siempre deja la aventura una puerta abierta en las calamidades para dar remedio a ellas». Mas quiso el infortunio que, ante la imposibilidad de cabalgar a lomos de vuestro caballo, fuese mi pobre asno el encargado de llevaros a lugar seguro y tranquilo. Que, perdone vuesa señoría la manera de señalar, tiempo no os faltó para tomar mi montura como propia. Y yo, que llevaba las espaldas más lisas que una camisa de domingo, hube de hacer el camino a pie.

¡Eso no fue justo, mi señor!... Que yo no me opongo a compartir, siempre y cuando no sea en mi perjuicio. ¡Cuántas veces habré escuchado en misa la plática del señor cura, diciendo que todos somos hermanos y no debemos tener nada nuestro!

Que hasta cierto punto, estoy de acuerdo. Bien está que Dios nos quiera hermanos. ¡Hasta ahí, conforme!... ¡Pero de ser «primos» no habló nada! Y pese a no haber parentela entre vos y yo, hube de prescindir de mi montura para llegar a donde dispusiese nuestra buena o mala estrella. Y por ende, sufrir durante largo camino, vuestro discurso.

(*Cambiando la voz.*)

«Sancho, amigo: bueno es que tu jumento supla la falta de mi caballo, llevándome a un castillo, donde sea curado de mis «feridas».

(*Pausa.*)

¿Cómo... vuestras feridas?... ¿Y las mías, qué?... Porque, sin ser vela, buena «cera» me brearon! Pero, atendiendo más a vuestra edad que a las leyes de caballería andante, me avine a complaceros. No sé cuánto tiempo duró la caminata. Pero lo que era el castillo... ¡«Miau», dijo el gato!...

Que de otras veces hube escuchado que era propio de caballeros principales dormir a la luz de la luna en páramos o descampados enormes, ya que aquello era señal de gozosos augurios. Pero una vez más me llevásteis la contraria, alegando que tal hecho se daba cuando a los referidos caballeros les fallaban las fuerzas o sufrían por amor. Y yo, que «por el amor de Dios» os rogué que nos quedásemos en alguna campiña, no hubo manera. Replicásteis que la noche estaba cerca y que solo el cielo sabía si seríamos víctimas de algún asaltante o malhechor. Algo que tampoco atisbé a comprender.

Porque, después de lo vivido con los yangüeses, nos halla de guisa semejante a cualquier forajido y se hace honrado para siempre.

(*Pausa.* SANCHO *da un pequeño paseo.*)

Así de mal nos hallábamos vuesa merced y yo. Que quien os puso el sobrenombre de «El de la triste figura», de haberos visto en semejante estado, mudado hubiese el «triste» por «penosa».

(*Pausa.*)

Y vino a acontecer que Dios, que nunca duerme, quiso otorgarnos su favor. Y a menos de una legua, avistamos una venta, que a vos se os antojó castillo. Que de haber yo sabido las desventuras y peripecias que nos aguardaban en semejante lugar... ¡A buenas horas se aloja el marido de mi mujer en tal albergue!... ¡Eso tenía de castillo, lo que yo de arzobispo! Y en vuestro ofuscado cerebro creíais ver cuatro altas torres, chapiteles de reluciente plata… Sin faltar su puente levadizo y alta cava. Mas todo se daba por bueno, con tal de hallar paz, descanso y reparación para nuestras muy mermadas fuerzas. Cosas tales, juro a fe, que cada vez veía más lejos. Ya, como remate, se os metió en la cabeza que no debíamos traspasar las puertas de la supuesta fortaleza sin que os fuesen hechos los correspondientes honores. Tales como toque de trompetas, un bufón haciendo piruetas y volatines en vuestro obsequio o toda suerte de vítores y aclamaciones. Pero a deciros mi verdad, lo único que yo esculché fue el sonido del cuerno de un porquero, llamando a su piara a recogerse. Y vos lo interpretásteis como un toque de aviso, advirtiendo a las principales gentes que allí moraban la llegada de un ilustre caballero.

(*Breve pausa.*)

Luego, os dirigísteis a la puerta de entrada, donde se hallaban dos mozas solazando animadamente. Las cuales se os figuraron dos elegantes damas y gentiles doncellas. Aunque a mi entender, su «doncellez» era más que dudosa y su oficio, harto evidente. Y aconteció que viéndoos ellas aparecer de semejante guisa y portando lanza en ristre, pusieron pies en polvorosa, huyendo al interior de la venta, como si hubiesen visto

al propio Lucifer. Pero vuesa merced…
¡«Erre que erre»! Les salísteis al camino,
haciendo gala de buenos modos y finas
cortesías.

(*Pausa.*)

Yo, mi señor, disculpad si os ofendo pero
lo que se dice «ojo de pícaro» tampoco teníais mucho. Porque hasta dísteis trato de
grandeza a un posadero. ¡A ver!… Que
nada hay de deshonroso en ser amo de una
venta pero a cada santo, su peana. Y para
colmo, aquel hombre, al oírse llamar por
vuesa merced «caballero castellano» y serle hecha una gran reverencia, lo que en un
principio le produjo extrañeza, no tardó en
mover a chanza. A duras penas lograba contener la risa. Pues al punto se dio cuenta
que se hallaba frente a un pobre descere-
brado. Aunque, en cierto modo, no os fal-
taba razón a vos. Ya que –desde luego– «caballero» lo era por «nacencia», pues varón
llegó a este mundo pero ¡lo de castellano!…
¡si tenía un acento andaluz que era imposible disimular! So pena –eso sí– que la playa de Sanlúcar se lo hubiesen llevado a tierras manchegas. Nada más «velle», bien
advertí la catadura moral de aquel personaje. Sin ser ratón, bien la sabía dar con
queso. Aunque no sé yo si conoció en vida
vuesa merced el por qué de ese dicho. Más,
por si acaso, yo os lo cuento. Resulta ser

que allá por tierras castellanas los amos de las ventas y posadas, cuando compraban el vino, exigían que se lo diesen a probar. Ya que, arteramente, les podían vender vino «picado» o de baja calidad, en lugar de uno bueno.

Y como la picaresca también sabe de comercio, si llegaban huéspedes de alta alcurnia o señores principales servíanles los mejores caldos y las más ricas viandas. Mientras que si entraba gente llana y sencilla, la historia cambiaba. Y como dicen que tanto tienes, tanto vales, el mesonero usaba otra ceremonia. Primero, servíale al ingenuo visitante una ración de queso curado en aceite para, a continuación, añadir un vaso o jarra de vino «picado». Nunca jamás diese queja del engaño ya que el fuerte sabor del queso hacía imposible toda sospecha sobre la infame calidad del caldo pero, eso sí, cobrándolo como lo mejor de la bodega. De ahí que toda estafa o artimaña, se conozca como «darla con queso». Y, con perdón sea dicho, vuesa merced bien le abrió la ratonera «al falso caballero castellano». Mas no quedó ahí la cosa porque lo que alimentó aún más sus ganas de burla, fue cuando le solicitásteis la gracia de velar armas en el patio de su castillo. Cosa a la que se avino de buen grado. ¡Hubiese faltado más!... Ya que la verdadera «gracia» era la que a él le hacía imaginar tal escena.

(*Breve pausa.*)

Y una vez alojados en aquella venta… –porque venta era, se ponga vuesa merced como se ponga– comenzó el devenir de nuestras desdichas y sinsabores pues, según un arriero que tenía amores con una tal Maritornes –que allí se hallaba– a vuesa merced le vino un ataque de «vena caballerosa» y os agarrasteis a ella como grasa a la sartén. Y aunque la pobre estaba más interesada en desasirse de vos que en escuchar vuestros galanteos, apenas lo consiguió. ¡Que así vino lo que vino!… porque yo me pongo en el pellejo de aquél hombre y supongo que no sería plato de su gusto, no solo sentir peso en su corazón, sino también sobre su cabeza. Y como toda paciencia alcanza un límite, decidió vengar su adornada testa, arremetiendo contra vuesa merced de la mejor manera que supo. Tantas «puñadas» os lanzó que terminó con aquél supuesto romance. Y por ende, casi con vos.

(*Pausa.*)

Mas lo que de seguido vino, jurar puedo, que lo viví en mis carnes. Que por la noche era, cuando entregado a dulce y plácido sueño, escuché cierto alboroto por los pasillos. Pensando que algo grave acontecía y más cerrados los ojos que abiertos, me asomé a conocer la causa. ¡En qué hora lo hiciese, mi señor!... Nuevamente os hallé en actitud galana con Maritornes quien acongojada y «trasudando» muy copiosamente, forcejeaba para verse libre de tan insufrible asedio. Y por si pocos eran los males, el agraviado arriero –cuyos malos pensamientos lo tenían despierto– se asomó para ver lo que allí pasaba. Y viendo a su enamorada en tan oprimida situación y considerando que a él no le placía ser el «manso» del festejo, enarboló el brazo en alto y os descargó tan terrible «puñada» sobre las quijadas, que os bañó toda la boca en sangre. Mas no contento con eso, se os subió sobre las costillas y con los pies, más que de trote, «os las paseó» de la primera a la última. Para mayor fatalidad, el pasillo que conducía a los aposentos era algo desigual. Y vuesa merced, con arriero incluido, dísteis con entrambas osamentas en el suelo. Tal trapatiesta se montó que despertóse el ventero el cual, sospechó que tales pendencias eran por causa de Maritornes pues habíala llamado a voces y de seguido y no halló respuesta alguna. Entonces, candil en mano, dirigiose al lugar del suceso y... ¡ahí fue la mía! porque la moza, advirtiendo que llegaba el amo y no con amable disposición, no tuvo peor idea que –viéndome asomar por la puerta– buscar parapeto en mis espaldas.

El arriero, creyéndome un nuevo aspirante a los favores de su «galana», vino a por mí y en menos de un «amén, señor Jesús», tornóse aquello en campal batalla. Para aumento de mis males, yo no podía lanzar ni un triste golpe, porque la aterrada mujer teníame abrazado por detrás y no hallaba manera de hacer uso de los brazos para defenderme. Y luego... ¡¡qué manera de llover!!... las bofetadas, quiero decir. La que no venía de frente, me llegaba de presente. Y por si pocos eran los enredos, apareció el ofuscado ventero portando candil en mano. La llama, que era más poca que mucha, no alumbraba lo bastante con lo que el recién llegado no alcanzó a ver el cuerpo de vuesa merced, que se hallaba postrado de bruces en el suelo, cayendo sobre vos, con toda la humanidad de su naturaleza... ¡¡que no era escasa!! Mas no terminaron ahí las desavenencias ya que, ante tamaña escandalera, hicimos levantar de su lecho a un cuadrillero de la Santa Hermandad Vieja de Toledo, que allí se hallaba alojado quien apareció, vara en mano en el lugar de la refriega, al grito de: «¡¡ténganse a la justicia!!... ¡¡Ténganse a la Santa Hermandad!!».

(*Breve pausa.*)

De repente, aquella voz impuso orden y respeto. Reinó un silencio absoluto. Y aquel hombre, tras lanzar un seco bufido y murmurar uno o dos juramentos, ordenó al ventero que prendiese de nuevo el candil. Una vez, hecho lo cual, comenzó a observarlo todo. No el aspecto de la estancia. Si no el de quienes allí nos hallábamos. ¡Y claro!... en el reparto de culpas, dio el cuadrillero con vuesa señoría que tan maltrecho y magullado estábais, que caído en el suelo y sin sentido alguno os halló. Y asiéndoos de las barbas, exclamó: «¡¡favor a la justicia!!... ¡¡Favor a la justicia!!». Claro que vos, mi señor, malamente podíais «favorecer» a nadie, porque no os «bullíais» en modo alguno.

Y al no hallar respuesta de vos, entendió que allí se había cometido un asesinato y gritó: «¡¡ciérrense puertas y ventanas!!... ¡¡Aquí han muerto a un hombre!!».

(*Breve pausa.*)

¡Ay, vuesa señoría!.... Tal fue la turbación y el recelo de quienes allí nos hallábamos, que ninguno acertó a soltar palabra más que nada, por no hacer comentarios de tipo comprometido. Y tal como llegaron, se fueron marchando los allí presentes, según lo demandaba la voz de la autoridad. Y allí quedé yo junto a vuesa merced. Que aún sabiendo que no era tal vuestro caso, llegué a albergar la horrible impresión de estar velando vuestro cadáver.

(*Pausa.*)

Mas quiso para bien nuestro Señor que «resucitáseis», pasado un tiempo. Y de repente escuché vuestra voz, que me llamó en tono débil y lastimero:

(*Cambia la voz.*)

«¿Duermes, amigo Sancho?»…

(*Mira al cielo, en tono de reproche.*)

¡Que también la pregunta!… ¿cómo había de dormir?… ¡Infortunado de este que os habla! Pues de no ser hombre cabal y cristiano de fe, creído hubiese que aquel lugar estaba endemoniado. Y como la Providencia me dio a entender, logré llevaros hasta vuestro lecho. De cómo conseguí alcanzar el mío es algo que, a día de hoy, aún me sigo preguntando. Y entre «ayes» y lamentos, me tumbé a ver si tornaba el sueño pero se ve que el tal había mudado de parecer y emprendió camino a lugar más apacible. Bien cierto se dice que entre un pobre y la fortuna, no existe amistad alguna. Ya, al punto de recobrar el sosiego, llegáronme una vez más vuestras quejas lastimeras y hube de abandonar mi camastro para ir en vuestra ayuda.

(*Pausa.*)

Una vez junto a vos, oí decir, con lo poco que os quedaba de aliento:

(*Cambia la voz.*)

«¡Sancho!... ¡Hijo mío!... Ve en busca del alcaide de esta fortaleza y procura que se me dé un poco de aceite, vino, sal y romero para hacer el salutífero «Bálsamo de Fierabrás», que ahora he de menester... porque mucha sangre se me va de la «ferida» que toda esa fantasma me ha causado».

(*Breve pausa.*)

Bien podéis creer, mi señor, que al llegar a mis oídos tan insólita receta, pensé para mí: «¿habrá cristiano en la tierra que haya paladeado tal brebaje y viva para contarlo?». ¡Pero bueno!.... cada quién conoce su cada cual. Y con un dolor de osamenta que para mí quedóse, fui al encuentro del ventero. Porque, lo que tuviese de alcaide, no siendo apellido... ¡Ni por asomo! El problema estaba en que el susodicho había recuperado el sueño ya que este y su cuerpo los tenía bastante pesados. Hube de llamar a su puerta varias veces, hasta que logré despertarlo. Se levantó sobresaltado, maliciándose que había nueva reyerta. Lo tranquilicé y le di cuenta de vuestro encargo. Excuso decirle a vuesa merced la cara que puso aquel hombre. Parecía desearnos a vuesa merced

y a mí todo lo peor y tras proferir una leta-
nía de maldiciones, juramentos, blasfemias
y un «¡mardita zea zu eztampa!», se levantó de la cama dispuesto a atender de mala
gana tan extraño encargo.

(*Pausa.*)

Pero… ¡¡qué mal dada la hora en que os
hice yo caso!! Pues creyendo –ingenuo de
mí– que vos teníais conocida la preparación
de aquél potingue de boca de algún sabio,
os dejé hacer a vuestro libre albedrío.

Con más presteza que sosiego, os llevas-
teis a la boca el recipiente que contenía lo
hecho, lo apurásteis de un solo trago. Y…
¡¡allí fue ella!! De repente, os pusísteis
tenso, cual alma en «rigor mortis»… Se
os erizó el cabello y poco faltó para que
vuestros ojos saliesen disparados de las
órbitas. De seguido, os entraron tales
«tiemblos» y convulsiones, que hubo momento en que creí hallarme en presencia
del mismo diablo… Y como si de una fuen-
te se tratase, comenzásteis a arrojar tanto
y tal de vuestro cuerpo, que mucho dudé
que os quedase cosa alguna por salir. Mas
pronto llegó la calma y os dejasteis caer
nuevamente en el camastro, durmiendo
algo así como tres horas. Al cabo de las
cuales, vuesa merced despertó algo más
aliviado. Y creyendo yo –¡«tocho» de mí!–

que aquel brebaje remediado había vuestros males y aflicciones, os solicité la gracia de gustar yo también tan prodigioso licor... Más, «la gracia», no estuvo en consentir y otorgar tal merced si no que yo me tragase lo sobrante hasta la última gota... ¡¡y de un solo trago!! Mas mi pobre estómago era menos delicado que el vuestro. Y tales «bascas» y «trasudores» me vinieron, que también despedí de mi ser cuanto en su adentro se alojaba. Cómo llegaría a ser mi desasosiego, que comencé a rezar un Padrenuestro, creyendo llegada mi hora postrera.

(*Breve pausa.*)

Para mal de mis males, la única explicación que recibí de vuesa señoría, fue que todo mi daño venía de no haber sido yo armado caballero pues, de haber sido tal el caso, aquel santo licor me hubiese aprovechado debidamente.

(*Pausa.*)

Mas, si cosa tal sabíais, ¿por qué diablos consentísteis, señor, que yo lo gustase? Y como «don daño», hace labor en todo el año, ahí no habrían de concluir nuestra desdichas! pues, ya amanecidos y desayunados, nos dispusimos a emprender camino hacia nuevos lugares.

Y estando vos y yo en sendas cabalgaduras, se os ocurrió llegar al lugar donde se hallaba el amo de la venta. Y así dijísteis:

(*Cambio de voz.*)

«Señor alcaide: muchas y muy grandes han sido las mercedes recibidas en este, vuestro castillo. Y quedo, por tanto, obligadísimo a agradecéroslas de por vida. Si os las puedo pagar, haciéndoos vengado de cualquier arrogante o soberbio que hubiere inferido agravio alguno a vuestra ilustre persona, sabed que tengo por oficio valer a quienes poco pueden. Así como el socorro de los necesitados y los menesterosos».

(*Pausa.*)

Mas el pícaro ventero, que ya era sabedor de vuestros desvaríos, respondió con ceremonioso y sosegado tono :

(*Al hablar como ventero, el actor deberá hacerlo con un marcadísimo acento andaluz.*)

«Señor Caballero: Yo no tengo necesidad de ser vengado de agravio ni ofensa alguna. Pues yo bien sé cobrarme oportuna venganza, cuando tales se me hacen… Solo he menester –eso sí– que vuesa merced me pague los gastos de estancia y alimentación, así como la paja y la cebada de ambas bestias… De este modo, todos seremos conformes y satisfechos».

(*Nueva pausa.*)

¡¡Y ahí fue ello!!…. Pues al escuchar los argumentos de aquel hombre, se os tornó el semblante en rojo de furia y repusísteis que en ningún libro se contemplaba la obligación de hacer pagar alojamiento alguno a caballeros andantes.

Y, tras llamarlo «zafio», «sandio», «ladrón» y tres o cuatro lindezas más, lo acusásteis de servir a algún mago o hechicero –muy enemigos vuestros–, quienes lo habían convertido en amo de una venta. Y con gran brío pusísteis piernas a «Rocinante», terciando el lanzón, saliendo de allí sin que nadie os pudiera detener. Entonces, el ofendido y afrentado ventero, que os vio alejar sin serle abonado lo que en justicia le correspondía, descargó sus iras contra quien tenía más cerca.

(*Señalándose a sí mismo.*)

Que ni tiempo me dio para poder seguiros… Acercóse a mí y dijo que yo correría con el gasto de los dineros que se le debían. Yo traté de explicarme y repuse que nada había de pagar por ser escudero de caballero andante. Ya que en ninguna ley de caballería se observaba la tal excepción. ¡Pero de poco me sirvió! El enfurecido amo espetó que, o satisfacía su justa demanda, o se la cobraría de modo que mucho me pesase. Y dispuso mi mala estrella que por allí se hallaran cuatro «perailes» de Segovia, tres «agujeros» de Córdoba y dos vecinos de Sevilla. Gente buena, bien intencionada, pero maleante y juguetona. Quienes movidos por el mismo espíritu, me apearon del burro y cargaron como fardo.

(*Breve pausa.*)

Mas no acabó ahí la chanza. Pues alguien trajo una manta de la habitación de un huésped y comenzaron a levantarme y a ensañarse conmigo, como perro por Carnestolendas. Que si muchas eran las risas, mayores eran mis gritos, pidiendo auxilio. Aquella infortunada mañana, me convertí en «Santo de ida y vuelta». Ni se sabe las veces que me hicieron subir al cielo. Pero se ve que mi peso empezaba a mermar sus fuerzas y decidieron acabar con la burla. Tuvieron –eso sí– la bondad de subirme sobre mi asno y arroparme con mi gabán. Tan tullido, molido y quebrantado me hallaba, que «Maritornes» se compadeció de mi estado. Se llegó a mí, para darme a beber un jarro de agua fresca que acababa de sacar del pozo.

Vive Dios, que en jamás di tantas gracias a los santos, por aquel socorro que de tan buen grado se me brindaba. Mas, justo cuando me iba a acercar el jarro a la boca, escuché la voz de vuesa merced, que gritaba:

(*Cambio de voz.*)

«¡¡Hijo Sancho!!... ¡¡No bebas eso, que te matará!!... ¡¡Aquí tengo el santísimo bálsamo, que ha de curarte de tantos dolores y daños!!».

(*Pausa.*)

¡Gracias, pero no!... ¿O acaso olvidásteis que yo no había sido armado caballero, todavía?... Pues de haberos hecho caso, terminado hubiese de arrojar hasta mi propio esqueleto.

(*Breve pausa.*)

Acerquéme el jarro a los labios y bebí solo un poco. Digo esto, porque soy buen viñedo, pero mal pez. Y roguele a aquella buena samaritana que tuviese a bien cambiarme el agua por vino. Cosa que hizo de muy buen grado y pagándolo de sus propios dineros... Que así como bebí y dile gusto a mi «gaznate», partí de aquel lugar. No sin que antes el ventero se apropiase de las alforjas, en pago de los dineros que se le adeudaban.

(*Pausa.*)

Mas si saqué un provecho de aquella … llamémosle… «aventura desventurada» fue que, tras terminar magullado y «manteado», marché feliz por no haber tenido que soltar ni una sola moneda.

(*Pausa.* SANCHO *queda pensativo unos segundos. Luego, mira al cielo, se toma un breve tiempo reflexionando y comenta.*)

¿Sabéis una cosa, mi señor?.... Que cuando juntos partimos de estas, nuestras tierras, en modo alguno pensé que habríamos de llegar a separar ambos caminos. Y no por existir diferencias entre vos y yo. Que apartando jerarquías y algún desacuerdo de hechos, nunca hubieron tales entre nosotros. Lo único –eso sí– cuando os pilló aquella «epidemia amorosa» y empezásteis a suspirar por una tal «Dulcinea del Toboso», señora que, con los debidos respetos, siempre dudé que existiese, Salvo en vuestra imaginación, por supuesto… Allí habitaba quien vos llamábais «La dama de vuestros pensamientos». Aquella a la que, en momentos de delirio, invocábais con estas sentidas palabras:

(*Avanza hacia primer término. La escena se ilumina de una manera especial y se escucha una suave música de estilo medieval.*)

«¿Dónde estás, señora mía,
que no te duele mi mal?
O no lo sabes de veras,
o eres falsa y desleal».

(*Pausa. La música va desapareciendo y la
luz vuelve a ser como antes.*)

Y como si un abandonado del mundo o un
ermitaño fuéseis, os dio por recluiros en
unos lejanos montes y peñascos y allí la-
mentaros de mal de amor. Claro que… ¡Si
solo hubiese sido eso!… ¡Aún, aún!... ¡Pero
no! Quedásteis cual varón que pare madre,
triscando como cabritillo por las rocas y
dándoos «cabezadas» contra todo aquello
que en vuestro camino se cruzaba… Yo,
malamente podía socorreros y sacaros de
tan craso error. Pero me mandásteis ir a El
Toboso, bajo el mandato de no regresar, sin
antes haber hablado con la señora Dulcinea y hacerla sabedora de vuestros males
y sufrimientos para que de ellos se compa-
deciese… ¡Ay, mi señor: ¿Desde cuándo, alguien que no existe, llega a compadecerse
de un triste mortal?… Aunque era tanta la
fe y la ilusión con que lo pedíais, que no
tuve corazón para negarme.

Puse en camino a mi buen jumento y avan-
zado un buen trecho, volví la cabeza para
ver si os divisaba. ¡Mas no os hallé!

(*Nueva pausa.*)

Y apeándome de mi compañero de andanzas, me senté al pie de un árbol. Allí empecé a pensar y a consultar conmigo mismo, sobre la misión encomendada. Porque, en primer lugar… ¿Hacia dónde se suponía que debía ir?..... En realidad, tampoco lo sabía demasiado bien. ¡Bueno!... ¡Sí lo sabía!... Pero corría el riesgo de que, al declararlo, me tomasen por necio o «grillado». Porque alegar que mi señor, don Quijote de La Mancha, habíame encargado llegar a El Toboso, para encontrar una princesa y con ella, los rayos de sol que lo alumbran, las estrellas que lo adornan y el cielo que la engrandece, era una petición a hacerse visitar por el médico… Además, yo jamás había visto a princesa alguna, ni sabía dónde moraba. Lo único que conocía de ella, es que Dulcinea tenía por nombre y que posiblemente habitaba en algún gran palacio o en un castillo feudal.

(*Breve pausa.*)

Por otro lado, no hubiese sido cosa certera que las buenas gentes del lugar tomaran a ofensa que un extraño viniese a requerirles a sus ilustres doncellas. Que al punto me molerían las costillas a estacazos, sin dejarme hueso sano en el cuerpo. Todas estas cosas me llevaron a meditar y llegué a concluir que el hijo de mi madre no estaba por la labor. Ya que aquel encargo no venía de boca de mi señor don Quijote...¡¡Sino del diablo!! Que anda siempre «liando la madeja» de los enredos y no descansa hasta verme tullido. Ya lo dice la sabiduría popular: «Aquél que sirve a amo loco, de cuerdo tiene muy poco». Y disculpe vuesa merced la crudeza de mis palabras. Pero los castellanos somos de esa ralea: Así lo pienso, así lo cuento. ¡Que cuántas veces testigo fui de vuestros desvaríos!

Y de cómo el maligno supo «buscaros las vueltas» de modo tal, que os «fizo» ver en unos simples molinos, a feroces gigantes. Yo, por más que os previne y quise sacaros del error, con presta saña fuísteis a la lid, al grito de: «¡¡Non fullades, cobardes y viles criaturas!! ¡Que un solo caballero es quien os acomete!». (Pausa larga.) Levantóse viento y las aspas empezaron a girar. Lo que, equivocadamente, os parecieron muestras de hostilidad. ¡Y así terminásteis!.. ¡Colgado de las aspas, cual malhechor en la horca!... ¡Y no hablemos ya de cuando confundísteis con dromedarios las mulas de unos pobres religiosos y una manada de carneros por ejércitos enemigos!... ¡Que «a la tonta jugando», vuestras eran las pendencias y míos los estacazos!... Y por ese motivo fue que ideé un remedio para tanto desatino. Ya que descubrí que «desobedeciendo», también se puede obedecer al amo, sin perjuicio de quien le sirve. Que donde hubiere corazón jamás se viere traición. Siendo por ello que me propuse encontrar a vuestra dama, en la persona de cualquier labradora o aldeana. La presentaría como Dulcinea del Toboso y todos contentos. ¿Qué vos decíais que no?.... ¡Yo diría que sí! Insistiendo, porfiando, jurando y perjurando, llegaría a convenceros de que «aquella» era la persona por quien suspiraba vuestro corazón. (*Aparte.*) Que tampoco sé yo muy bien si los corazones suspiran... Latir, sí. Pero suspirar, permita vuesa merced que lo dude.

(*Breve pausa.*)

Mi intención era buena. Pero el azar no era amigo de intenciones. ¡Al menos, de las mías!... ¡Que así terminó todo!... Mas... ¿A qué acordarse ahora, mi señor!.. Bien decía mi buen padre: «De la amarga historia, mejor no hacer memoria».

(*Pausa.*)

El caso es que quiso la suerte que vuesa señoría y yo regresáramos a esos caminos de dios. Y sucedió pues, que al ponerse el sol, tendísteis la vista hacia un verde prado. Y por el mismo, vino gente en quien conocísteis ser cazadores de cetrería. Y entre ellos, una señora que iba sobre un palafrén. De verde, creo recordar. Que, por un azor que la dama llevaba en su mano, entendísteis que era persona principal y de alta alcurnia. Ya que poco tardásteis en mandarle recado por mi conducto. Y así dijísteis :

(*Cambio de voz.*)

«¡Corre, hijo Sancho!.. Dile a la muy noble y dignísima señora del palafrén y el azor que yo, «El caballero de los leones», le besa la mano, al tiempo que alaba su gran fermosura… Y que si su grandeza me otorga licencia, iré presto a servirla, cuanto mis fuerzas pudieren y su alteza me mandase».

(*Pausa.*)

Dicho lo cual, me advertísteis que me dirigiese a ella con finas cortesías y cultas palabras … ¡Como si uno no supiera tratar con gente elevada!…. Mas por no hallar discusión innecesaria, quise demostraros que para letrado también servía. Acerquéme a la señora. Tal reverencia le hice, que en los mismísimos palacios me la envidiarían. Así, tras tomar aliento y procurando que mi voz no denotase tosquedad o aspereza, hablé de este modo:

«¡Oh, muy hermosa señora!.. El caballero que allá a lo lejos se parece, es el ahora llamado «Caballero de los leones». Antes nombrado «El de la triste figura». Y hoy al día, amo de quien os habla. Soy su fiel escudero y tengo por nombre Sancho. Que así me llaman en casa. Y atendiendo a los mandatos de mi señor, suplico a vuesa grandeza se sirva otorgarle licencia para ver satisfecho su ardiente deseo de servir a vuesa señoría. Cosa la cual, que de serle concedida, consideraría como altísimo honor y mayor contento».

(Pausa. SANCHO mira al cielo y hace un gesto de «¡ahí queda eso!».)

¡Convendrá conmigo vuesa merced que, más delicado y estiloso, no pude estar!... Que a la dama, solo le faltó llorar de emoción y a mí, el aplauso del acompañamiento. El caso es que la señora mandome alzar. Y mostrando gran disposición y afabilidad, respondió:

(Refinando el tono.)

«Mi buen escudero: No ha de ser vuestra embajada motivo de ofensa alguna. Ya que la habéis cumplido en las debidas formas y circunstancias. Decidle a vuestro señor que tanto mi esposo –el duque– como yo misma, tendremos alto honor y satisfacción de recibirle en nuestra casa. Ya que tenemos noticias de que se trata de aquél de quien se relatan sus notables hazañas. Así como sus bellos sentimientos hacia una tal Dulcinea del Toboso. Quien es su dama».

(*Breve pausa.*)

A decir cosa cierta, costóme salir del paso y del asombro que se adueñó de mi persona, al escuchar aquellas palabras. Ya que buena fama os precedía, mi señor. Más, como no quise ser plato aparte en el convite, apresureme a responder:

«El mismo es, noble señora… Y el escudero que en la misma historia anda –o al menos debiese andar– al igual que mi amo, también se ofrece a servir a vuesa grandeza en lo que a bien tuviere demandar de su humilde persona».

(*Pausa.*)

Reparad si le plació cuanto dije a la dama, que presto mostró grande interés en conocernos, a la vez que nos dio la bienvenida a sus tierras. (*Breve pausa.*) ¡No poco contento fui a daros la noticia!... Lo que pasa es que con vos, bien sea por la confianza que da cabalgar juntos, dejé las finezas para expresaros en términos más llanos cuán bella me había parecido la señora. Así como para elogiaros su gran donaire y esmeradas formas. Y a fe que debí hacerlo tan bien y debí impresionaros tanto, que presto salísteis a su encuentro. Pero con tal entusiasmo y viveza, que pudo más la emoción que el seso. Y sin encomendaros a nadie, os acercásteis a visera alzada, con porte gallardo y haciendo intento de apearos de vuestra montura. Mas de modo tan desafortunado, que al ir a «hacello», se os asió un pie en la soga de la albarda. De manera tal, que fue imposible desenredaros. Y caísteis de boca y cuerpo a tierra, como fardo sobre espalda. Culpa vuestra, también, por no haber costumbre de apearos sin que se os sostuviese el estribo…

(*Breve pausa.*)

Mas no concluyeron ahí las desgracias. Pues, con el cuerpo, os llevásteis también la silla del bueno de Rocinante. Que no debía ir bien cinchado y os hizo compañía en el viaje. Aquello os hizo enfurecer tanto, que no os faltó maldición por proferir o juramento por lanzar de nuevo… ¡Mas vaya! Demos gracias al cielo que la cosa no pasó a peores. Ya que, rápidamente, el duque dio orden a sus criados para acudir en vuestro auxilio. Y apeándose de su caballo, se aceleró a daros un abrazo. Mas yo, para evitar males mayores, aseguré bien las correas de la silla a vuestro caballo y acudí al lado de la duquesa. Y así, en afecto y compaña, llegamos al castillo de señores tan principales. Aunque el afecto no duró luengo tiempo.

Porque en mala hora se me ocurrió pedirle a la señora duquesa ordenase servir a mi rucio una cumplida ración de paja y buen acomodo en caballerizas.

Pero en lugar de concederme tal gracia, frunció el ceño y echóme una mirada cual si le hubiese inferido una muy grave ofensa. Y respondiome que las damas que allí se hallaban, no tenían por costumbre ejercer oficios semejantes. Pero al replicar yo que madura sería el ama que hubiese tal carácter, encendió en cólera. Y profiriendo insultos y expresiones impropias de dama de condición tan elevada, añadió que si era vieja o no, solo a Dios había de dar cuentas y no a un patán bellaco, cual yo. Tales eran los gritos, que presto acudió el duque para conocer el motivo de la discordia. Poco tiempo faltole a su esposa para acusarme de injurias, relatándole el favor que yo solicitaba. Agregando que, para mayor afrenta, hábíale tratado de «vieja». Yo, hallábame tan sorprendido y tan «azorado», que a duras penas veía el medio de justificarme. Menos mal que el duque –de más grato talante– terció en la contienda. Y poniendo su noble mano en mi espalda, díjome:

«Advertid, amigo Sancho, que doña Rodríguez es muy moza... Y que las tocas que porta, son más por autoridad y usanza, que por los años vividos».

(*Pausa.*)

¡Peores fuesen los que me quedaran por vivir a mí, si lo dije por faltarla! Lo que ocurrió fue que quise dar a entender el cariño que le tenía a mi asno y estimé oportuno, a la par que conveniente, encomendar su cuidado a persona caritativa como era la señora duquesa... ¡Pero claro!... Vos, que no perdíais ripio de lo que allí se hablaba, no dudásteis en echar más leña a la fogata y me cayó una buena reprimenda de vuesa señoría. Diciendo que si yo estimaba aquél, como lugar propicio para tales pláticas. ¿Y sabéis una cosa?.... ¡Que sí, señor! ¡Que quien no es mudo y hablar pudiere a su gusto lo haga, allá donde estuviere!

(*Breve pausa.*)

Pero bien dicen que Dios no abandona al desvalido y quiso poner paz en la contienda, sirviéndose del señor duque. Quien se dirigió de nuevo a mí, exonerándome de toda culpa, alegando que yo estaba en lo cierto. Y daría orden para que mi rucio fuese tratado como a su propia persona. (*Pausa.*) Así, rato después, fuimos invitados por sus señorías a un lujoso y suculento banquete para festejar nuestra llegada. Al que asistieron altas personalidades y gentes principales del lugar. Y en llegando al salón, su excelencia quiso honraros, ofreciéndoos la

cabecera o presidencia de la mesa. Mas
como vos os negárais a ello, el ilustre an-
fitrión viose obligado a insistir y vuesa merced obligado a aceptar. Pues como suele
decirse en casos así: «menos pompa y fino
modo, antes hallan acomodo». Y a fe que
creí eterna la ceremonia, de tan repetidas
cortesías... De tal manera, que obligado me
vi a intervenir, solicitando licencia para re-
latar una historia que en estas tierras pasó,
a propósito del caso. No sin antes oír de
vuesa merced la advertencia de no decir necedad alguna. Cosa, la tal, que no hubo.
Que a pesar de ser labriego, yo bien sé guar-
dar las debidas formas allá donde me ha-
lle. Más terció, entonces, la duquesa. Y esta
vez, para honrarme con su beneplácito. Diciendo que mucho fiaba en mí y en mi cuento. Ya que me tenía en muy alta estima por
mi mucha discreción. A lo que yo respon-
dí que discretos días viviese, por el buen
crédito que a bien tenía dispensarme.

(*Pausa.*)

Y así comenzó mi historia: cuentan pues de
un hidalgo, a quien yo muy bien conozco,
por mediar de su casa a la mía un tiro de
ballesta. Mas hete aquí que, el tal, convidó
a su hacienda a un humilde labrador. Hombre pobre, pero honrado.

Por lo cual, estando los dos al punto de sentarse a la mesa, el labrador porfiaba con el hidalgo por ocupar la cabecera de la misma. Cosa que, igualmente, hacía el hidalgo a su huésped. Ya que era quien hallábase en su casa y allí todo era conforme él disponía. Pero hete aquí que el labrador se jactaba de ser un hombre rudo, bien criado y de sanos modos. Así pues, seguía rechazando el noble ofrecimiento. Hasta que el hidalgo, harto ya y molesto de tan luengas finezas, tomó al buen labrador por los hombros y lo hizo sentar de golpe, exclamando:

«¡¡Sentáos ya, don cumplidos!!... ¡Que donde quiera que yo me siente, será vuestra cabecera!».

(*Breve pausa.*)

¡Y así se termina el cuento!... ¿Qué falta cometí, mi señor, en su relato?.... Yo, a mí entender, que ninguna. Todo lo contrario. Tanto el duque como sus invitados, se movieron a risa. Y «algunos», disimulada. Porque vos no acabásteis de caer en la picardía de la historia. (*Con muy notable intención.*) ¡Y eso que el necio era yo!... Pero ya sabéis el dicho: «hasta de hombre de labranza, puede haberse una enseñanza»... Que a mí, la verdad, me gusta como a mi mujer la hacienda: limpia y sin «manchones»… ¡Por muy de La Mancha que seamos!

(*Pausa.*)

Y al caso de esto, no sabéis el mal trago que pasé, tras el banquete. Pues hallándoos vos de plática con los duques, fui atacado por varios mozos de cocina. Que, ayudados de otra gente menuda, persiguiéronme con gran saña por todo lugar y parte, con un cubo lleno de agua. A mí se me antojó que de fregar era por la color y poca limpieza que en él se mostraba.… Pareciendo ser con la intención de asearme barbas y cuerpo… Tales eran los gritos, que la señora duquesa viose obligada a imponer su autoridad, queriendo saber qué había hecho para ser causa de tal persecución. Y más, siendo yo «gobernador electo».

(*Breve pausa.*)

Mi señor, no sé a qué temperatura estaría el agua del cubo… Pero cuando escuché aquello, confieso que me quedé helado. Gobernador… ¿¿Yo??….. ¡¡Y encima «electo»!!... ¡Que ya me gustaría a mí saber quién o quiénes «me eligieron» para tal menester! Porque yo, de gobernar, mal, muy poco o nada sé… Que bastante tengo con saber llevar mi hacienda… ¡Y ni aún así! Aunque, bien mirado, que a un patán se le deje gobernar una nación, igual acabe siendo costumbre en tiempos venideros. Pues cosas más raras se han visto. Pero volviendo al suceso, sí deseo aclarar que jamás hube pendencia con el agua, ni tomé por afrenta que se me bañase. Siempre y cuando fuera con manos limpias, jabón de olor, lejía clara y toallas mucho más limpias que las manos … Que si a vos, por ser caballero, os aseaban con agua de mil ángeles, no por ser yo escudero me habían de lavar con agua de tres mil demonios. Pues de haber osado cualquiera de esos patanes a rozarme un solo pelo de la barba, hubiérales asestado tal «puñada», que ni una triste muela les quedase en su lugar.

(*Breve pausa.*)

Menos mal que, viéndome en tan aciago trance, tuvísteis a bien salir en mi defensa y decirle a aquella «patulea» que cesara ya la burla y que cada cual volviese por donde había venido. Pues tan limpio era yo como el que hablando se hallaba. Y como la duquesa convino que razón habíais, marcháronse aquellos, cabizbajos y cubiertos de oprobio y vergüenza. A mí, no faltome tiempo para ir a postrarme ante nuestra ilustre anfitriona y besarla los pies con inmensa gratitud. No en vano se dice que de grandes señoras salen grandes mercedes. Y yo, en preguntándole con qué favor o servicio podría agradecer sus muchas bondades, diome en respuesta que siendo el mejor gobernador de toda la Ínsula Barataria. Que nunca supe muy bien si era el nombre de una plaza muy principal o se debía a que, al ser yo de poca estatura, barato les iba a salir el nombramiento. Mas fuere como fuese, acepté de buen grado la merced que se me otorgaba y de la noche a la mañana me vi convertido en «Excelentísimo señor gobernador» … ¡Qué mala noche, vuesa merced!.. ¡Ni pegar ojo pude!.. De haber conseguido dormir, por mal sueño lo tomase… ¡Mas no!.. Ya bien amanecido, sacáronme en volandas de la cama, mandáronme asear y me prepararon ropaje de letrado. Añadiendo un gabán anchísimo y una especie de montera, a modo de cubrecabezas. Ya vestido y con el desayuno aún en la boca, me condujeron hasta el patio, donde me esperaba mi buen rucio. Al que también habían dispuesto con lujosos adornos y ornamentos. De tal guisa, que muy poco o en nada, hubiere de envidiar la montura de príncipes o emperadores.

(*Breve pausa.*)

¡Y llegó el momento de la partida!.. ¿Os acordáis, mi señor?... Más preocupación que incertidumbre se apoderaron del que os habla. Nuestros caminos volvían a separarse... ¡Sabe dios por cuánto tiempo! Me despedí de los duques, besándoles las manos con gratitud. Lo más duro, vino cuando solicité la bendición de vuesa señoría. Que recibí entre lágrimas y algún que otro «puchero». Ya sé que llorar, no es propio de caballeros andantes. Pero yo, al fin y a la postre, solo era escudero y me lo podía permitir. (*Pausa, mirando al cielo.*) ¡Que a vos, también os cayó alguna gotita de los ojos!.. ¡No digáis que no!..

(*Pausa.*)

¡Ay!.. ¡Disculpadme, mi señor!.. ¡Que no sé ya ni lo que digo y hasta acabo desbarrando!.. Mas, lo que yo vi en vuestro semblante, no me quita de lo cierto. Que, como también dice el señor cura: «tener buen corazón, no es falta, ni imperfección». Pero a lo que estaba: Llegué yo a las puertas de la villa, que cercada era, y salió a recibirme todo el pueblo en regimiento. Sonaron las campanas, y por doquier me mostraron cariño y simpatía. Con gran pompa, lleváronme hasta la iglesia mayor para dar gracias al Altísimo, con misa y grande ceremonia, terminando mi rimbombante recorrido en el palacio consistorial. Donde, con mucho agasajo, se me entregaron las llaves del pueblo y se me nombró gobernador electo y perpétuo de la Ínsula Barataria..

(*Breve pausa.*)

No contentos con eso, condujéronme a la sala de justicia, donde se me hizo tomar asiento en el sillón principal. Allí, se presentó el mayordomo primero del duque. Y tras darme la bienvenida y toda clase de parabienes me hizo saber que, según una antigua costumbre del lugar, el recién nombrado gobernador estaba obligado a responder una pregunta de tipo intrincado y dificultoso. Y de dicha respuesta, el pueblo saca sus propias conclusiones sobre el futuro del nuevo regente. Yo, lejos de amilanarme, añadí que en buena hora fuese interpelado. Que habría contestar lo mejor que supiese, así el pueblo se alegrase o entristeciera. Y en ese instante fue, cuando dos hombres entraron. Uno, vestido de labrador. El otro debía de ser sastre, a juzgar por unas tijeras que en su mano llevaba. Este último, pidióme licencia para hacer uso de palabra. Y tras dársela, díjome que en gran pleito andaba con el campesino. Ya que se le presentó con un trozo de tela en las manos y le preguntó si habría tejido suficiente para hacerse una caperuza. El interrogado contestó que sí. El labrador no tenía muy buena opinión de los sastres, tomó nuevamente la tela y preguntó si daría mejor para dos. La respuesta volvió a ser la misma. El hombre, fue añadiendo caperuzas. Hasta que el sastre le hizo saber que, para cinco, sí alcanzaba el paño. Todo quedó conforme y así se cerró el trato. No pasando una semana, llegó el momento de la entrega, mas no así el del pago. Y al incumplimiento de una de ambas partes, el ofendido sastre exigió al labrador el importe de su trabajo o la devolución de la tela. El acusado, solicitó que el demandante mostrase las cinco caperuzas que decía tener acabadas. El sastre así lo hizo, sin hallar oposición alguna. Incluso, las dio a ver a testigos allí presentes. A tal chanza movió la cantidad de caperuzas, que cuando hube de dictar sentencia, no tomé largo tiempo. Tampoco aquella porfía merecía dedicársele mayor tiempo ni consideración. Y concluí que el sastre perdiese el dinero, el labrador la tela y que las caperuzas fuesen a parar a manos de personas necesitadas. ¡Y así cerrose el pleito!

(*Pausa.*)

Esta fue una de las muchas pruebas a las que fui sometido para dejar constancia de mis escasos conocimientos y pudieran reírse a placer de un rústico labriego. Pero nunca pensaron que la vida es, en muchas ocasiones, la mejor escuela y la experiencia el mejor aprendizaje. Por lo que desistí de ser gobernador. Yo nací para honrado ; no para ser jugador de ventaja. ¿Qué servicio me hace ser político grande, si como hombre y ser humano, soy cada vez más pequeño? ¿Qué bien puedo desear para otros, cuando solo busco el mío propio?. Comprobando, a mi pesar, cómo los palacios son ocupados por zafios y gañanes y las chozas por sabios… Nunca fui defensor de los reyes… Aunque peores son quienes engañan al pueblo con trucos y mentiras. Prometiéndole aquello que saben que jamás le darán. País este, mi señor, que destrona reyes y corona a piratas. Pensando –¡pobres ingenuos!– que el oro del rey será repartido entre los más necesitados. E ignorando –¡tristes de ellos!– que los piratas solo reparten con los de su calaña.

(SANCHO *pasea por escena, pensativo. Mira al cielo. La emoción se apodera de él. Pausa.*)

¡Qué gran compañero de aventuras y desventuras fuísteis, mi señor!... Vos no lo sabéis. Pero cuántas noches de soledad acudieron a mi mente tantos y tantos momentos, vividos juntos… Cómo llegué a extrañarlos, que hasta la peor de nuestras andanzas, la di por bien sufrida… Pues aunque vuesa señoría y yo hayamos tenido nuestras diferencias, a la par de algún más y algún menos, jamás renegué de vos… Al fin y al cabo, «érais como érais» por culpa de aquellos libros de caballerías, que Dios confunda... Pero sabido era que en el fondo de vuestro corazón, ardía el noble deseo de hacer el bien, aunque otros lo entendiesen para mal.

(Pausa muy sentida y llena de emoción.)

¡Ay, mi buen don Quijote! ... ¡Cuántas lágrimas derramé el día que Dios os llamó a su presencia, ya curado de mente y alma. En vuestros postreros momentos, expusísteis tales dichos y razonamientos al tiempo que lógicas y frases tan bien dichas y cristianas, que el más obcecado en dudar de vuestra salud mental, presto hubiese mudado de parecer. La razón quiso volver a vos antes de partir a mejor vida... También partieron con vuesa merced las doncellas, los valientes caballeros, los feroces gigantes y los sabios encantadores nacidos de vuestra ciega fantasía...

(Pausa.)

Fue el señor cura quien nos pidió que abandonásemos la estancia, para administraros los últimos sacramentos... Hablé con el bachiller Sansón Carrasco. Que fue quien, disfrazado del «Caballero de los espejos», os retó y venció en singular batalla, para sanaros de vuestro mal y volveros a casa, con vuestra familia y vecinos... Fueron, aquellos vuestros últimos minutos de tristeza y desasosiego... Vuestra buena ama y vuestra joven sobrina lloraron tanto, que poco tardé yo en seguirlas el ánimo... Cuando al fin regresó el señor cura, nos confirmó que a poco tiempo estábais de entregar el alma... Y al referirse a vuesa merced, lo hizo con el nombre de don Alonso Quijano «El Bueno»... A fe que lo fuísteis... ¡Y mucho! Pese a vuestras rarezas y desvaríos. Que como alguna vez escuché decir de vos: «don Quijote fue don Alonso Quijano, a secas. Que mientras fue caballero andante, desfacedor de entuertos y socorredor de débiles y menesterosos, fue siempre de apacible condición y amable trato. Y por esto, no solo era bien querido de las personas de la casa, sino de todos aquellos que bien lo conocían».

(*Pausa.*)

Y yo añado que, sobre bondad, sumaros el don de la generosidad... Pues aún resuenan en mis oídos las palabras del señor escribano, al citar vuestras últimas voluntades:

(*Se escucha un fondo musical. Puede servir el «adaggio», de Albinoni.* SANCHO *avanza a primer término y recuerda las últimas palabras de su señor, con tono emocionado.*)

«Es mi deseo que de ciertos dineros que Sancho Panza –a quien en mi locura hice mi escudero– tiene habidas entre él y "mí" ciertas cuentas. Por lo cual vengo a disponer que de tales dineros no se le exijan o pidan cargos. Y si sobrare alguno, después de haberle pagado lo que le adeudo, también pase a ser de su propiedad y de provecho le sirva. Pues si estando loco llegué a concederle el gobierno de una ínsula, ahora que cuerdo me hallo, un reino le otorgase, si pudiera. Dada la sencillez de su carácter y fidelidad en el trato. A la vez que le solicito el perdón por las ocasiones en que lo hice parecer tan loco como yo y haciéndolo caer en los errores en los cuales caí. Como aquél de que hubo y hay caballeros andantes por el mundo».

(Cesa la música. Triste y apenado.)

Mi señor, ¿tan necesaria era vuestra partida?.... De tantos consejos como de vos recibí, bueno hubiese sido aceptar uno mío y haber seguido viviendo… Que flaca locura es creer en lances, duelos y batallas… Pues la mayor de todas es dejarse morir, sin más… Sin que mal enemigo te mate y otras manos te acaben, en siendo de melancolía.

(Con ánimo.)

Digo yo, vuesa merced… ¿No sería posible solicitar «allí arriba» una especie de «licencia celestial» y regresar a la tierra para vivir nuevas aventuras?. No sé… Podríamos llegarnos a algún prado, vestidos de pastores, como teníamos concertado. Y quizás, con un poco de buena fortuna, hallásemos a la señora doña Dulcinea, oculta tras una mata y totalmente desencantada. Que no hubiere más que ver. Y si acaso muriéseis de pesar, por veros vencido, echadme a mí la culpa… Decid que por haber cinchado yo mal a Rocinante, os derribaron… ¡Cuánto más habréis visto en los libros de caballería ser cosa ordinaria derribarse unos caballeros a los otros! Que quien fuere hoy vencido, vencedor pudiera ser mañana.

(*Pausa.*)

¡En fin, mi señor!... Creo que ya va siendo hora de volver a la cama… Que, ahora, sí, el sueño ya reclama su derecho. Dios os guarde, allá donde se hallase vuesa merced… Y eso sí, disculpad lo extenso de la plática… Se ve que aún no me he olvidado que fui gobernador y os he «soltado» un buen discurso. También os pido indulgencia por tanto «refraneo». Pero soy de ese natural. Como decía mi padre, «refrán que no viene a propósito, es necedad más que sentencia». (*Breve pausa.*) Gracias por todo lo bueno que aprendí a vuestro lado y os suplico perdón si en algo pude faltaros al hablar. Y ahora, si me otorga licencia vuesa señoría, quisiera deciros unas breves palabras de despedida…

(Baja la intensidad de la luz. Queda Sancho *bajo un pequeño foco. Tal parece que le estuviese alumbrando la luna. Mira al cielo y declama con voz emocionada.)*

«Caballero don Quijote :
El de brillante armadura
y el de la «Triste figura»,
que os pusieron de mote.
Cabalgad por esos cielos,
a lomos de Rocinante.
Allí no hallaréis gigantes,
ni desafíos, ni duelos.

Que en esta Castilla ancha
que recorrimos los dos,
en un lugar de La Mancha…
¡Alguien se acuerda de vos!».

(Se escucha una suave música de fondo. Sancho *se seca alguna que otra lágrima. Pausa. Inicia mutis hacia su casa. Tras dar unos cuatro o cinco pasos, mira nuevamente al cielo y dice.)*

¡Buenas noches, mi señor don Quijote!

(Se dirige lentamente hacia la puerta. de pronto se enciende una luz brillante y se escucha la voz de DON QUIJOTE, *en tono afable y paternal.)*

DON QUIJOTE *(Off.)* ¡Buenas noches, amigo Sancho!

(La inesperada respuesta deja a SANCHO *de una pieza. Se detiene en seco, da media vuelta y mira al cielo, con cara de sorpresa y asombro.)*

Oscuro Final

La Primera Versión de Texto, se finalizó en Madrid el 30/10/2018. Y la versión definitivamente corregida, el 12/ 01/ 2024.

Pedro Javier

---

el aprendiz de Woody Allen

Esta función se estrenó en la Casa de Cultural de Maleján, Zaragoza,
el 8 de junio del 2025 interpretada por
Pedro Javier (Simón), Ran Chaparro (Marta) y Marta Valero (Nuria).

Dirección: Francisco Prado.

Personajes

Simón
Marta
Nuria

2  1

La acción se desarrolla en un pequeño y modesto apartamento de soltero, ocupado —en el buen sentido de la palabra— por Simón. *Es un hombre normal y corriente, tirando a «del montoncillo». Buena persona, noble, bastante tímido, trabajador... ¡pero un desastre en el terreno sentimental! Es autor teatral y guionista. Al fondo izquierda, está la entrada de calle. Al fondo derecha, pasillo que da al dormitorio. En el centro de escena, un sofá. Delante del mismo, una mesita baja con revistas, algún que otro periódico, un libro, etc. En el lateral derecho, un pequeño equipo de música. Con su correspondiente mando a distancia. En el lateral izquierdo, un «carrito–bar» con cuatro o cinco botellas, un par de vasos, una cubitera y unas pinzas para el hielo. Sobre el carrito también hay un pequeño libro, tipo «manual». En la pared del fondo, algún cuadro o «postre» de Woody Allen. Al comienzo de la acción, suena una alegre música de jazz. Tratándose de un tributo al cineasta norteamericano, no podía ser de otra manera. Durante la música, va subiendo el telón o iluminándose la escena. Vemos a* Simón, *hablando por el móvil. Viste normal. Ni muy antiguo ni muy moderno. Puede estar en mangas de camisa o con un jersey de sport y pantalón negro. Calzado, igual da*

deportivo que zapato clásico. Con los años, ha
perdido bastante pelo. Mientras habla, da peque-
ños paseos por el salón.

SIMÓN   ¡Javier, por lo que más quieras!... ¡Tienes que
echarme una mano!... ¡A ver!... ¡Si se quiere,
se puede! No. Si ya sé que es un embolado
para ti… Pero es que he agotado todo el fras-
co de pastillas antidepresivas… En la farma-
cia, dicen que no me las pueden facilitar sin
receta y como tú trabajas en un hospital,
pues… ¡Y dale!... ¡Que no te estoy pidiendo
que las cojas «al descuido»!... ¡Hablo de com-
prarlas!... Me las consigues, te las pago y todos
tan contentos… Es que las *Mujeres al borde de*
un ataque de nervios de Pedro Almodóvar, están relajadísimas en comparación conmigo…
Desde que me dejó Bea soy el más infeliz del
mundo… Sí… Ya sé que hay más mujeres.
Pero ella era especial... ¡Qué va!... Si supiera
dónde ha ido, no me encontraría así… Y yo,
lo que necesito, es que me den soluciones. No
consejos… ¿Las amigas?... No sueltan ni media palabra… A ver. Ya les habrá dado ins-
trucciones precisas para que no pueda averi-
guar su paradero… Por eso necesito que me
consigas esas dichosas pastillas… Ya que no
veo a Bea, que vea una vía… (*Breve pausa.*)
¡De escape!... ¿Qué coño tiene que ver ahora la RENFE?... Mira, déjalo. Pero te lo advierto. Como muera majareta por tu culpa,
mi espíritu te perseguirá por los pasillos del

hospital, vestido de Napoleón Bonaparte, cantando «La Marsellesa». Y como dicen los tertulianos en los programas de cotilleo, «¡ahí lo dejo!». ¡Hasta luego! (*Cuelga. Breve pausa. Para sí mismo.*) ¡Ten uno amigos para esto!... ¡En fin! Creo que en la cocina tendré tila o alguna infusión relajante. Que no lo sé. (*Se dirige al fondo derecha, pero se detiene y va hacia la pared donde está colocado el cuadro o póster de Woody Allen. Lo mira.*) ¿Sabes una cosa, Woody? Creo que voy a apuntarme a unos cursillos de clarinete. Porque ahí sí que hay futuro. Haré como tú. Que me apetece ir a tocar, voy. Que no estoy muy por el tema. ¡Pues no voy! Porque está visto que mis «Sueños de seductor» no son tan geniales como los tuyos. (*Va hacia el carrito de las bebidas y toma el librito que hay encima.*) ¡Y no será porque no intente aprender! ¡Que hasta he comprado esta «Guía del amante perfecto»! Que si quieres que te diga la verdad, solo es un sacacuartos. Porque de tener alguna utilidad, todos los hombres tendrían su agenda sentimental sin una fecha libre. Y es que, esto de ligar, no es tan fácil como parece. ¡Bueno!... Para esos que llaman tíos buenos o que se pasan hora y media o dos horas en el gimnasio, ¡sí, claro! Esos anotan las conquistas con cita previa. En cambio, las mías, las anoto en un pósit y encima sobra hoja. (*Pausa.*) El que ha tenido una suerte bárbara, ha sido mi amigo Carlos. ¡Ese sí que se llevó la joya de la corona! Porque Marta, aparte de estar buenísima, es de las que pasa por delante de ti en la calle y te desaparece la contractura del cuello en quince segundos. En fin… Resignación y a la cocina, a ver qué encuentro. (*Inicia mutis, cuando de repente suena el timbre de la puerta.* SIMÓN *se sobresalta y se detiene.*) ¡Arrea!… ¿Quién será?… Los del supermercado, no creo, porque vinieron anteayer… Si vinieran de una asociación para curar enfermos depresivos, igual traían pastillas y me solucionaban el problema. (*Vuelve a sonar el timbre.*) Mejor, pregunto y salgo de dudas… (*Se dirige al lateral izquierdo, sin salir de escena y pregunta.*) ¿Sí?… ¿Quién es?

MARTA   (*Voz en off.*) Hola, Simón. Soy Marta, la mujer de Carlos… Abre, por favor.

SIMÓN   (*Petrificado y nerviosísimo.*) ¡Ay, madre!… ¡La de la contractura!… Digoooo… la… la… la… (*No da con las palabras.*) ¡Coño! ¡Parezco Massiel! (*Suena el timbre con mayor insistencia.*) ¡¡Voy!!… ¡Enseguida abro!… ¡Es que no estoy lo que se dice muy presentable!…

MARTA   (*Voz en off.*) No te preocupes… Tranquilo… Aunque estés en bata y zapatillas, tampoco me voy a asustar.

SIMÓN   Ya… Ya casi estoy… Un segundo.

MARTA   (*Voz en off.*) Vale.

(SIMÓN *trata de adecentar el aspecto de la estancia. Echa un último vistazo y se dirige hacia la puerta. De repente, repara en que lleva el manual en la mano. No sabe qué hacer con él y termina guardándolo en el bolsillo de su pantalón. Hace un momentáneo mutis.*)

SIMÓN   (*Voz en off.*) Hola, Marta. ¡Qué sorpresa!

(*Entra* MARTA *en escena. Efectivamente está como un tren. Guapa, escultural y sexy a más no poder. Viste blusa con generoso escote. Falda negra, de vuelo, por encima de las rodillas y medias negras que estilizan sus bellas piernas. Luce una bonita y bien cuidada melena. En resumidas cuentas, ¡un pibón! Su presencia se hace notar y lo sabe. Detrás de ella entra* SIMÓN, *que está casi con los ojos fuera de las órbitas.*)

MARTA   ¡Ay, Simón!... Menos mal que te encuentro en casa ¿Estás bien?

SIMÓN   Yo, sí, ¿por qué?

MARTA   Es que me ha dicho Carlos que le habías mandado un «whatsapp» algo preocupante. Y como él siempre tiene mil cosas en la cabeza, no se ha acordado de contestar. Está en Japón. Viaje de negocios. Ya sabes… Y ha delegado en mí para saber en qué te puedo ayudar.

SIMÓN   ¡Ah, bueno!... Tampoco es nada serio. Lo que pasa es que yo tomo, según qué cosas, por lo trágico y a veces formo una bola de un copo de nieve. Pero se me acaba pasando. (*Pausa.*) Siéntate, por favor… ¿Quieres beber algo?

MARTA   Sí, por favor, ponme una copa… Lo que quieras. ¿Puedo ir al baño? Necesito lavarme las manos.

SIMÓN   Naturalmente. No tienes ni que preguntar. Al fondo, a la derecha.

MARTA   Gracias. Lo sé. Carlos y yo hemos venido a tu casa en alguna que otra ocasión. Enseguida vuelvo, cariño.

(MARTA *hace mutis. Breve pausa.* SIMÓN, *parece que estuviera viviendo el mejor de los sueños. Vuelve al cuadro o póster de Woody Allen.*) ¿Has oído, Woody? ¿me ha llamado cariño?… Se preocupa por mí, Carlos está de viaje y… ¡Madre mía cómo viene vestida! Eso quiere decir algo. (*Saca rápidamente su manual del bolsillo y busca.*) Veamos… ¿Qué busco?… ¿«Ella se preocupa por ti», «marido ausente» o «cómo conseguir que haya tema?»… ¡Qué complicado es todo! (*Mira por si vuelve* MARTA.) ¡Dios mío!… ¡Que sea de las mujeres que se empolvan la nariz y se retocan el maquillaje! ¡Necesito tiempo! (*Mira el manual.*) A ver… «Ella se presenta en tu casa, de repente»… ¡Justo lo que necesito! A ver qué dice. (*Lee.*) «Que la mujer que deseas se presente en tu casa sin previo aviso, es señal de que le interesas y quiere estar a tu lado. Primero y principal, no te pongas nervioso o lo echarás todo a perder. Relájate y trata de llevar el control de la situación en todo momento. Sé amable, atento y preocúpate por satisfacer el mínimo de sus caprichos. Ve despacio y que ella no aprecie nada raro en tu actitud». ¡Buenoooo! ¡Mucho pides tú!

(MARTA *desde el cuarto de baño.*)

MARTA   (*Voz en off.*) Ya salgo, corazón. Enseguida estoy contigo.

SIMÓN   (*Embobado.*) ¡Ay, qué bien ha sonado esa frase! (*Mira el cuadro.*) Woody, no me dejes solo.

(*Guarda el manual en el bolsillo y se dirige hacia el carrito de bebidas. Regresa* MARTA.)

MARTA   Perdona la tardanza. Es que, al salir del coche, se me ha caído el bolso al suelo y me he ensuciado un poco las manos. Y como el tema de los contagios está a la orden del día, me gusta tomar precauciones.

SIMÓN   Y haces muy bien. ¿Qué deseas tomar? Es por no meter la pata, más que nada.

(MARTA *se sienta en el sofá, cruzando y luciendo sus bonitas piernas.*)

MARTA   Da lo mismo. Lo que tú hagas estará bien.

SIMÓN   (*Gratamente halagado.*) Gracias, pero es difícil acertar en la mayoría de las ocasiones. (*Prepara la copa. Está de espaldas y no ve a* MARTA. *Al terminar, se gira.*) Espero que te guste. Lo que no tengo es... (*Se vuelve y sin poder evitarlo.*) ¡¡Ostras!!

MARTA   (*Ríe divertida.*) ¡No, por favor!... Tampoco es necesario... Me gusta lo bueno. Pero todo a su debido tiempo.

SIMÓN   (*Un poco cortado.*) Lo siento… No pretendía…

MARTA   (*Se levanta y se acerca a él.*) ¿Pero qué hay que sentir?... (*Coge el vaso.*) Todo lo contrario. Me halaga. Por lo menos ha sido una reacción divertida. No las groserías que he tenido que oír a veces. (*Le da un beso en la cara.*) Gracias, rey. (*Breve pausa.*) ¿Tú no tomas nada?

SIMÓN   (*Nervioso.*) Pues no sé qué hacer, la verdad.

MARTA   Anímate y así me acompañas. Sé que suena a frase muy usada. Pero detesto beber sola.

SIMÓN   ¡Ah! Pues si es por eso, me preparo algo.

         (*Vuelve al carrito de bebidas y se prepara una copa.* MARTA *pasea por el salón con movimientos muy sensuales y se detiene ante el cuadro.*)

MARTA   Veo que no has perdido un ápice de devoción por Woody Allen. ¿Te gustan sus películas?

SIMÓN   Bueno… Unas más… Otras menos. Depende.

(MARTA *vuelve a acercarse a* SIMÓN.)

MARTA   ¿Cuál es tu favorita?

SIMÓN   Hay varias. «Todos dicen I love you» me gusta bastante. Es una mezcla muy curiosa entre la comedia romántica y el musical. ¿Y la tuya?

MARTA   Me pasa lo que a ti. No tengo un título en concreto. «Misterioso asesinato en Manhattan» tiene humor, intriga… Aunque, tal vez, «La rosa púrpura de El Cairo» sea una de mis preferidas. (*Pausa.*) ¿Nos sentamos o te gusta beber de pie?

SIMÓN   ¡Oh! Sí, claro…, perdóname. Ha sido una descortesía por mi parte. Después de ti, por favor.

MARTA   No pasa nada. Era una pequeña broma. (*Toma asiento en un lado del sofá y le hace un coqueto gesto con la mano para que ocupe el otro lugar.* SIMÓN *lo hace, con una mezcla de timidez y nerviosismo. La belleza de* MARTA, *la forma como va vestida y la vista de sus piernas, son una tentación bastante fuerte.* MARTA *mira a* SIMÓN, *preocupada.*) ¿Te encuentras bien?…

SIMÓN   Sí, por supuesto… ¿Por qué lo dices?

MARTA   Mira, Simón, soy mujer y me doy cuenta de todo. Sé lo que te ronda por la cabeza.

SIMÓN   (*Nerviosísimo.*) ¡Ah!... ¿Ah, sí?...

MARTA   Sigues sin superar lo de Bea. ¿Me equivoco? (*Breve pausa.* SIMÓN *niega con la cabeza.*) ¡Lo suponía!... ¿Quieres que hablemos de ello? (SIMÓN *mira a* MARTA. *Parece que intenta decir algo, pero no contesta.*) Ya veo que no... Tal vez más tarde. Mira, sé que es muy fácil decirlo, pero tienes que pasar página. No puedes condenarte de por vida a esta situación. Tienes que cambiar el chip. Y si yo puedo hacer algo para que lo consigas... ¡Cuenta conmigo para lo que necesites!!

(*Al oír aquello,* SIMÓN *abre unos ojos como platos. Evidentemente, esta reacción será más perceptible para el público. Breve pausa.* SIMÓN *mira fijamente a* MARTA.)

SIMÓN   Lo... ¿lo dices en serio?

MARTA   Completamente en serio. ¿Sabes? A veces, las relaciones de pareja no son tan idílicas como parecen. Tú no lo sabes pero Carlos y yo tampoco estamos atravesando nuestro mejor momento. A ti te lo puedo contar, porque sabrás comprenderme y porque... (*Le coge las manos.*) me inspiras confianza y mucha ternura. Y he decidido que seas tú con quien me desahogue. ¿No te importa, verdad?

SIMÓN   (*Nervioso, pero encantado.*) ¿A quién? ¿A mí? Estooo... ¡En absoluto, por favor!... Además, los amigos son para las ocasiones. Por lo menos, eso dicen.

MARTA   (*Le suelta las manos.*) Ya, ¡pero no es justo por mi parte! Vengo a darte ánimos y salgo con detalles de mi vida privada. Es un acto de puro egoísmo.

SIMÓN   ¿Quién ha dicho eso? El asunto de Bea me lo sé de memoria y cada día trato de convivir con ello, pero tu caso es diferente. Sincérate conmigo, como lo harías con un médico o un cura. No voy a contárselo a nadie.

MARTA   ¿Lo dices en serio?

SIMÓN   (*Bromeando.*) Perdona, pero eso lo he dicho yo antes.

        (*Ambos se echan a reir.*)

MARTA   Tienes razón. Uno a cero. (*Toma un trago.*) Verás... ¡Carlos me engaña!

SIMÓN   (*Sorprendido.*) ¡¡Arrea!! ¿Quieres decir que tiene una amante?

MARTA   ¡Así es!

SIMÓN   ¿Pero tienes pruebas fundadas para hacer esa acusación?

MARTA   Desgraciadamente, sí. El otro día se dejó olvidado el móvil. Cosa rara en él. Yo no soy de esas mujeres que se dedican a espiar los mensajes de sus maridos. Pero de repente, entró la llamada de una tal «Silvia».

SIMÓN   Ya. Pero eso no significa nada. Puede tratarse de una compañera de trabajo. Su secretaria, tal vez.

MARTA   (*Se levanta.*) Ojalá, pero no. Descolgué, pensando que podría tratarse de un asunto importante... ¡y para qué lo hice! Creyó que era mi marido y empezó que si «hola, bombón»... «Inventa algo para deshacerte de tu mujer y pasas el fin de semana conmigo».

SIMÓN   ¡Anda con la señorita! ¡Qué putada!

MARTA   Quítale lo de señorita y en lo de putada, borra las dos últimas letras, por favor.

SIMÓN   (*Se levanta y se acerca a* MARTA.) ¿Y le has dicho a Carlos que lo sabes?

MARTA   Todavía no, porque el negocio de Japón es bastante bueno en el aspecto económico y no es cosa de echarlo abajo. Pero cuando vuelva... ¡que se atenga a las consecuencias! ¡Eso si no le respondo de la misma forma!

SIMÓN   (*Echando leña al fuego.*) ¡Hombreeeeee! ¡Eso, sería lo suyo! ¡Si te la hace, devuélvesela!

MARTA   ¿Cómo se puede caer tan bajo y ser tan despreciable?

SIMÓN   (*Entendiendo mal.*) ¿Quién? ¿Yo?

MARTA   ¡No! ¡Carlos! Tú eres un ser maravilloso. No tienes comparación con ese… ¡cerdo! (*Pausa.*) ¿Puedo hacerte una pregunta?… Pero necesito que me respondas con sinceridad.

SIMÓN   Depende de lo difícil que sea, pero dime.

MARTA   ¿Tú me consideras una mujer… deseable?

SIMÓN   (*Azorado.*) Estoooo…, por supuesto. Yo siempre he sentido envidia de Carlos. ¡A ver! Sana pero envidia, al fin y al cabo.

MARTA   ¡Vaya! Te agradezco que me lo digas. He llegado a pensar si había perdido el atractivo.

SIMÓN   ¡No pienses eso, mujer! Lo que pasa es que los hombres somos así de complicados. Pero vamos, yo, en el pellejo de Carlos, a buenas horas te hago una faena así.

MARTA   ¿De verdad?

SIMÓN   Ponme a prueba, si quieres, y sales de dudas.

MARTA   Por ahora, prefiero darle una bofetada sin mano. Demostrarle que tengo más clase y categoría que él. Si hago lo mismo, me pondré a su altura y no es conveniente… Ahora que, cuando regrese de viaje…, ¡va a saber quién soy yo!

(*Vuelve a tomar asiento en el sofá y bebe.* SIMÓN *está con cara de circunstancias. No le están saliendo las cosas como él esperaba. Opta por tirar de recursos, antes que darse por vencido.*)

SIMÓN   (*A* MARTA.) ¿Quieres que ponga un poco de música?... Igual te relaja.

MARTA   Sí, por favor, te lo agradecería mucho.

SIMÓN   ¿Qué te apetece escuchar?

MARTA   Elige tú. No me siento con ganas de pensar.

SIMÓN   (*Va hacia el equipo de música.*) Te advierto que yo soy muy raro respecto a gustos musicales. Pero espero que sea de tu agrado.

MARTA   Seguro que sí.

SIMÓN   ¡Esta misma!... Sé que la conoces.

(*Pulsa una tecla y comienza a sonar la famosa melodía* As time goes by, *de la película «Casablanca».*)

MARTA   Mmmm… «El tiempo pasará»… De la película «Casablanca». Precisamente Woody Allen utilizó la frase «¡Tócala otra vez, Sam!» como título original para «Sueños de seductor».

SIMÓN

Frase que jamás fue pronunciada por Humphrey Bogart, como muchas personas creen. Lo que sí dijo es: «si la tocaste para ella, tócala para mí». Entonces, Sam responde: «es que ahora no la recuerdo». A lo que Rick —Bogart—, replica bastante cabreado: «¡si ella la resistió, yo también! ¡Tócala!». Pero nunca le pidieron un bis al resignado pianista.

MARTA

Pues yo sí quiero una repetición. Con tu permiso, voy a servirme otra copa.

(*Se incorpora y se dirige hacia el carrito de las bebidas.*)

SIMÓN

(*Va también.*) Te la pongo yo. Dime qué…

MARTA

(*Lo interrumpe.*) Gracias, de verdad. No te preocupes. Voy ver qué tomo ahora.

(*Mira las botellas.*)

SIMÓN

Como quieras. Pero mezclar no es muy recomendable.

MARTA

No te preocupes, que iré con cuidado. Además, no soporto mucho la bebida. (*Toma una botella.*) Esto mismo servirá. ¿Te apuntas?

SIMÓN   De momento, no. La semana pasada estuve en la fiesta de cumpleaños de un amigo. Me pasé un poco y me puse a morir. Esto lo tengo por si vienen visitas. Como ahora.

MARTA   Cuídate. Más vale decir «descansa bien», que «descansa en paz». (*Vuelve a sentarse.*) Tengo que pedirte disculpas. He venido a interesarme por ti y termino contándote mis problemas de pareja.

SIMÓN   No pasa nada. Todos debemos ayudarnos.

MARTA   ¡Vaya!... Con el disgusto me siento un poco mareada. Dame unos minutos y enseguida hablamos de lo tuyo.

(*Deja el vaso sobre la mesa y apoya la cabeza en el respaldo del sofá.*)

SIMÓN   Voy a quitar la música para que no te moleste.

MARTA   Gracias… Eres un amor.

(SIMÓN *pulsa otra tecla del equipo de música y se interrumpe la canción. Acto seguido, mira a* MARTA *para comprobar que está entrando en un estado de relax. Avanza hacia primer término y saca el manual del bolsillo. Habla para sí mismo. Para que el efecto sea más comprensible para el público, un solo foco puede alumbrar al actor y el resto de la escena en penumbra.*)

SIMÓN   (*Aparte.*) ¡Simón! ¡Simón!... Qué te está pasando. ¡Tienes la oportunidad de conquistar a la mujer de uno de tus mejores amigos y vas a consentir que se te escape viva! ¿Pero qué clase de tipo sin decisión eres? ¡Ha sido víctima de una infidelidad y hará lo que sea por vengarse!... ¡Pero tú pon, también, algo de tu parte! (*Abre el manual.*) Veamos… (*Busca en el índice.*) ¡Aquí está! «Cómo seducir a una mujer con problemas en su matrimonio». (*Sigue buscando.*) ¡Anda que no hay apartados en este capítulo! ¡Con «Google» lo hubiese resuelto ya!... ¡A ver aquí!... «Ella descubre que su marido tiene una amante». ¡Vaya! ¡Menos mal! (*Lee.*) «Obre sin precipitación y sobre todo con mucho tacto. Ha sufrido un gran revés sentimental y no va a arrojarse en sus brazos de buenas a primeras. Debe procurar que vaya relajándose poco a poco. No trate de doblegar su voluntad con piropos empalagosos ni utilice la manoseada frase «¡olvídate de él. Yo estoy disponible». ¡Fracaso seguro! Ella sospechará que es una artimaña para llevársela a la cama. Sea amable, pero sutil. Sírvale una copa, pero no insista en que beba demasiado. Es un truco muy viejo. Si no le gusta beber, recurra a un buen masaje relajante. Lo agradecerá mucho y será un punto muy a favor». (*Deja de leer. Transición.*) ¡Sí, claro!... ¡Para el que sepa darlo! ¡Además de normas de seducción, hay que aprender fisioterapia! (*Vuelve la iluminación normal a escena.* MARTA *parece recuperarse.* SIMÓN *esconde nuevamente*

el manual y se acerca al sofá. Toma asiento. A
MARTA.) ¿Qué tal?... ¿Mejor?

MARTA   Un poco… Sí. Perdóname, que no hemos hablado de tu problema. Y quiero ayudarte. A
eso venía.

SIMÓN   Tampoco centres tu visita en algo que ya no
tiene remedio. Podemos tocar otros temas menos… «desagradables».

MARTA   ¿Te apetece más?

SIMÓN   Mejor. Además, me he quedado sin pastillas
para mis bajones de ánimo. Pareceríamos las
dos típicas personas que van en el metro o
en el autobús, contándose sus respectivas do-
lencias.

MARTA   (*Sonríe.*) Pues también tienes razón. Este momento es para que, tanto tú como yo, nos con-
virtamos en los seres más felices sobre la tierra. ¿Me abrazas?

SIMÓN   (*Pasmado.*) Lo… ¿lo dices en serio?

MARTA   (*Irónica.*) Juraría que esa frase me suena de
algo.

                 (*Ríe.*)

SIMÓN   (*Azorado.*) Es verdad… Vas a pensar que soy
bobo.

MARTA Eres como eres y punto. ¡Anda, ven!... (*Toma el brazo de* SIMÓN *y hace que la rodee.*) ¿Ves qué fácil?

SIMÓN ¡Ah, pues sí! Es que me daba cierto reparo…

MARTA No hay motivo para ello. Te lo he pedido yo. No hacemos nada malo.

SIMÓN No, claro. Visto así…

(*Breve pausa.* SIMÓN *está algo nervioso y no sabe qué hacer o qué decir.*)

MARTA ¿Te ocurre algo? Noto como si tú corazón latiese a toda velocidad.

SIMÓN No. Es que hacía mucho tiempo que no me encontraba en una situación tan…

MARTA Tan… ¿cómo?

SIMÓN (*Para sí.*) ¡Simón! ¡Todo está yendo de maravilla! ¡No lo estropees ahora! (*A* MARTA.) Pues tan… ¡tan bonita! ¡Sí!..., ¡eso es!

MARTA Gracias, cariño. Yo también estoy muy a gusto. Me quedaría dormida a tu lado, ahora mismo.

(*Echa la cabeza sobre su hombro.*)

SIMÓN   (*Muy alterado emocionalmente.*) ¡Ah, pues no
          te prives! Desde este mismo instante, puedes
          considerarme «tu almohada personal».

MARTA   ¿Sabes? A veces pienso que la vida no es jus-
          ta con según qué personas.

SIMÓN   No le des más vueltas. Ya se arrepentirá de lo
          que te ha hecho.

MARTA   Gracias. Pero me refería a ti. No comprendo
          cómo Bea se ha negado a darte una segunda
          oportunidad.

SIMÓN   Quizá no la merezco. O tal vez piensa que se-
          gundas oportunidades nunca son buenas.
          Cualquiera sabe. Si Carlos se arrepintiera y te
          pidiese perdón, ¿qué harías?

MARTA   Lo dudo mucho. Va por la vida de «conquis-
          tador nato». Tiene un grupo de *whatsapp* lla-
          mado «Los irresistibles». Y se dedican a pre-
          sumir de haber estado con tal o cual mujer, si
          son solteras o casadas y cuánto se divirtieron.
          ¡Patético!

SIMÓN   Normalmente, se dice que un auténtico ca-
          ballero no tiene memoria. Pero hay algunos
          que se recuperan de la amnesia con mucha
          facilidad.

MARTA   No creo que tenga arreglo. Él se lo ha buscado.
          Y cuando «su nena» se canse o encuentre otro

imbécil al que enviarle «mensajes calientes», ya será tarde para dar marcha atrás, él me echará de menos y yo estaré en brazos de un nuevo amor.

SIMÓN   (*Con «retintín».*) Co… ¿cómo ahora?

(*Pausa.* MARTA *deshace el abrazo con* SIMÓN. *Lo mira fijamente, con cariño. Lo toma de las manos.*)

MARTA   ¿Quién sabe? Pero no esperes por mí para ser feliz, Simón… Tú mereces una mujer con un corazón y unos sentimientos tan nobles como los tuyos. Más tarde o más temprano llegará hasta a ti y no tendrás que recurrir nunca más a ningún tipo de pastillas antidepresivas. Pero de lo que sí puedes estar completamente seguro es que siempre podrás contar conmigo para tomar un café o salir a dar una vuelta.

SIMÓN   (*Decepcionado.*) Ya… Lo que llaman amigo, sin derecho a otra cosa. Que es la versión «light» de «¿tú te has mirado al espejo, muchacho?».

MARTA   ¡Tampoco es eso, hombre! Eres demasiado duro contigo mismo. Sí quieres puedo presentarte a alguna amiga. Son estupendas y guapísimas. Igual encuentras tu media naranja.

SIMÓN   También suele ocurrir que cuando te gusta una mujer concreta tú no le gustas a ella, pero le caes bien. Si le propones salir a tomar algo o ir al cine, siempre buscará un pretexto para evitarte. Y si ve que no hay vía de escapatoria a la cita, te llama horas antes de quedar para preguntarte si puede venir también una amiga suya, que ha roto con el novio y necesita apoyo. La excusa perfecta para que te fijes en la amiga y a ella la dejes en paz. Es lo que, los no agraciados físicamente, llamamos «el método parche». Te lo agradezco mucho pero aún no estoy en la lista de «los eternos desahuciados». Si decido ingresar en el seminario ya te avisaré el día que cante la primera misa.

MARTA   (*Conmovida.*) Lo siento mucho. No es como tú lo planteas, de verdad. No eres ningún monstruo. Todo lo contrario. Eres un ser humano excepcional y con unos valores fuera de serie. El físico no lo es todo.

SIMÓN   Todo, no. Pero en el noventa y nueve por ciento de los casos, ayuda bastante.

MARTA   ¿Me perdonas?

SIMÓN   ¿Qué debo perdonarte? Al menos has sido sincera y me has abierto los ojos. Lo que pasa, es que me invade una sensación rara. Como si fuese un condenado a muerte y veinticuatro horas antes de la ejecución, alguien viniera a decirme «que tenga un buen fusilamiento, amigo».

MARTA   (*Decidida.*) ¡Mira!... Solo hay una manera de convencerte de que no eres ningún fracasado, Simón.

SIMÓN   Dime.

MARTA   ¿Quieres que hagamos el amor?

SIMÓN   (*Sorprendido.*) ¿Tú y yo?

MARTA   (*Irónica.*) De momento, sí. En según qué cosas, sigo siendo bastante clásica. Pero verte feliz. Me sentiría fatal si, por mi culpa, cometieses alguna locura.

SIMÓN   Estooo… Créeme que aceptaría tu proposición ya mismo. Pero según se han desarrollado los acontecimientos creo que no sería una buena idea. Yo no soy tu tipo de hombre ideal y, a estas alturas, un polvo solidario no arreglaría las cosas. Igual tengo tan mala suerte que, cuando Carlos vuelva de Japón, hasta lo perdonas. Te agradezco el detalle, pero no quiero hacerte sentir mal. (*Saca el manual del bolsillo.*) Mira a lo que recurro para pensar que soy un ligón de cinco estrellas.

MARTA   (*Lo mira sorprendida. Toma el manual y lee.*) «Guía del amante perfecto» … (*Se lo devuelve.*) ¿Y qué necesidad tienes de utilizarla?

SIMÓN   Desde… lo que ya sabes, me ha dado por pensar si es culpa mía o es que existe algún método infalible para enamorar, que se me ha pasado por alto. (*De repente, suena el movil de* MARTA.) Te llaman.

MARTA ¡Qué oportuno, quien sea!... (*Mira la pantalla.*) ¡Es Carlos!

SIMÓN ¡¡Arrea!!

(*Va a esconderse detrás del sofá.*)

MARTA (*Seria.*) ¿Pero qué haces? ¡Que es una llamada! ¡Y está en Japón!

SIMÓN (*Cortado.*) ¡Coño! ¡Es verdad!

(*Sale de su escondite y toma asiento.* MARTA *descuelga.*)

MARTA ¡Hola, cariño!... ¿Cómo estás?... ¡Vaya!... ¡Enhorabuena! (*Aparte, a* SIMÓN, *tapando la entrada de voz.*) ¡Negocio cerrado con éxito! (SIMÓN *hace un gesto de falsa alegría.*) Sí, dime… (*Toma asiento en el sofá, junto a* SIMÓN, *que está con cara de «póker».*) ¡Pero eso es fantástico, mi amor!... ¿Yo?... He venido a ver a Simón, como me pediste… Bueno… Se encuentra un poco mejor… Está aquí, a mí lado. Te lo paso…

(SIMÓN *hace gestos de que pasa de hablar con nadie.* MARTA *le hace una cariñosa mueca para que acepte. Toma el móvil, de no muy buena gana.*)

SIMÓN   (*Habla por el móvil.*) ¿Hola?... ¿Qué te cuentas, Carlitos?... Ya... Ya me ha dado Marta la noticia. Enhorabuena. Y eso que los chinos son muy suyos... ¡Ah!... ¿Que estos son japoneses?... Ya. Pero como todos tienen los ojos rasgados, despistan mucho.... ¿Yo? No. Yo los tengo normales, a lo europeo ¡Ah!... ¿Qué cómo me encuentro?... ¡Bueno!... Ahí sigo, que no es poco... Oye... Te dejo con Marta, que la llamada te va a salir por un riñón. ¡Por cierto! Cuídala mucho... (MARTA *lo observa, con una mezcla de sorpresa y emoción.*) Te felicito por tener una mujer tan maravillosa... Ya sé que no, pero no le hagas daño... Te quiere mucho y está muy orgullosa de ti. Yo, en tu lugar, no la perdería. (MARTA *empieza a emocionarse.*) ¡Venga! Un abrazo... (SIMÓN *hace ademán de devolverle el móvil,* MARTA *le indica que no puede hablar.*) ¡Carlos!... Cuelga tú, que Marta se ha emocionado con lo del cierre de tu negocio y no puede hablar ahora mismo... ¡Ciao!

(*Deja el móvil sobre la mesa.* SIMÓN *se levanta y va hacia el carrito de las bebidas. Breve pausa. Prepara una copa y se la ofrece a* MARTA.) Bebe, que lo estás necesitando.

(MARTA *se limpia las lágrimas y toma el vaso. Se incorpora y mira fijamente a* SIMÓN.)

MARTA   ¿Sabes? ¡Me siento peor que nunca!

SIMÓN   (*Irónico, pero no hiriente.*) ¿Por qué? No te has acostado conmigo.

MARTA   Merezco esa respuesta. No he estado, lo que se dice, muy acertada en determinados comentarios y actitudes. En cambio, tú…

               (*Apenas puede seguir hablando.*)

SIMÓN   Olvida eso. Yo lo decía porque, si llego a aceptar tu ofrecimiento y llama tu marido en pleno fragor de la batalla, nos amarga la fiesta.

MARTA   (*Conmovida.*) ¿Por qué le has dicho a Carlos todas esas cosas sobre mí?

SIMÓN   Primero, porque es cierto. Y segundo, porque le ayudará a pensar. Habla con él, pero no seas excesivamente dura. Ya sé que lo que ha hecho no es para darle un premio. Pero todo el mundo se merece una segunda oportunidad.

MARTA   Con ese corazón cualquiera llegaría a pensar que eres de otro planeta.

SIMÓN   Yo también lo estoy pensando porque, por regla general, el amante de una mujer considera al marido un estorbo. Y yo, termino sirviéndotelo en bandeja y envuelto para regalo. Esto lo tengo que hablar con un psiquiatra porque no es normal.

MARTA   (*Ríe.*) A pesar de todo, eres un hombre adorable. No cambies nunca.

(*Le acaricia la cara.*)

SIMÓN   Tú tampoco. (*Pausa. Ambos se miran durante unos segundos. Dudan si besarse o no.*) Mejor nos damos un abrazo. Que eso desgrava cornamenta.

(*Se dan un abrazo con sincero cariño.*)

MARTA   Creo que vamos a dejar pendiente una conversación. No ha sido el día justo ni mi comportamiento el adecuado. (*Se prepara para marcharse.*) Mucho ánimo y a comerte el mundo. ¡Tú puedes! (*Va hacia la salida, se gira y le lanza un beso con la mano. Mutis. Pausa.* SIMÓN *se queda pensativo, a continuación va al centro de escena y mira el cuadro o póster de Woody Allen y habla.*) ¡La he cagado, Woody! Tú, no. Porque, en «Sueños de seductor», te echó una mano el espíritu de Humphrey Bogart, ¿pero yo?... La próxima vez avisaré a Robert de Niro para que me vaya chivando técnica. Y si todo sale bien, me diga: (*Parodia la escena de «Una terapia peligrosa».*) «¡Hey!... ¡Eres bueno, tío!... ¡Sí!... ¡Eres muy bueno!». Igual, me convierto en un «crack» del sexo y me llaman para dar charlas y coloquios en las universidades. (*Pausa.*) ¡Bah! Lo que tengo que hacer, es ser realista y asumir que no soy eso que llaman un tío bueno. Pensar otra cosa es una pérdida de tiempo. Dejaré las pastillas poco a poco y me pasaré a las infusiones relajantes. Aparte de resultar más económicas, perderé algo de peso. ¡Que tampoco es mala cosa! (*Coge su manual y lo deposita sobre el equipo de música.*) ¡Ni se te ocurra volver a tocarla, Sam! (*De repente, suena el timbre de la puerta.* SIMÓN *se sobresalta. Pausa durante unos segundos.*) ¡No te hagas ilusiones, Simón, que no es Marta, para decir que lo ha reconsiderado y eres tú el único hombre con quien desea estar. Eso solo sucede en las películas!

(*Se dirige hacia la puerta y hace un momentáneo mutis. Poco después, vuelve a escucharse una voz femenina. Esta vez, diferente. No es* MARTA.)

VOZ   (*Voz en off.*) ¡Hola, vecino!... ¿Estás ocupado?

SIMÓN (*Voz en off.*) Eeeee…¡No! ¡Pasa, pasa!

(*Entra* NURIA. *Es una chica joven y guapa. Viste en plan moderno. Camiseta con algún dibujo y pantalón vaquero. Su gran sueño es ser actriz. Lleva una separata o parte de un guion en la mano.*)

NURIA Perdona este asalto domiciliario. ¿De verdad que no te pillo en mal momento?

SIMÓN (*Desorientado.*) Palabra, que no. ¿En qué puedo ayudarte?

NURIA   Verás, necesito que me hagas un gran favor. Bueno, si puedes. Y si quieres, naturalmente.

SIMÓN   (*Sorprendido.*) ¿De qué se trata?

NURIA   Te cuento. Tú sabes que mi sueño es poder dedicarme a la interpretación.

SIMÓN   Lo sé. Y cuando hemos coincidido en el ascensor, o en la escalera, te he dicho que lo pensaras muy bien. No es una profesión nada fácil. (*Le ofrece asiento.*) Pero toma asiento, por favor.

NURIA   Muchas gracias. (*Se sienta.*) Es que… A ver cómo te lo cuento… porque me llamaron ayer y todavía estoy nerviosa.

SIMÓN   Cálmate y ve poco a poco. ¿Quieres tomar algo?

NURIA   De momento no, gracias. A lo que voy. Resulta que me apunté a un «casting» para una obra de teatro que van a estrenar dentro de tres meses. Lo hice pero sin muchas esperanzas de que me llamaran. Ya sabes cómo funcionan estas pruebas. Caes bien y te contratan o caes de aquella manera y aunque hagas una escena soberbia, te despiden con el típico, ¡muy bien! ¡Ya te llamaremos!

SIMÓN   Sí. Es como un ¡hasta nunca!, pero en plan amistoso.

NURIA   Exactamente. Pero, ayer, cuando no creía que ocurriera sonó el teléfono y me dijeron que éramos dos actrices las que optábamos al papel co-protagonista. ¡Tengo que conseguirlo! ¿Comprendes? ¡Es la oportunidad que llevo esperando toda mi vida! Por eso necesito que me ayudes. Se trata de darme las réplicas. Mañana me hacen la prueba definitiva para conseguir el papel. Y como tú te dedicas también a esto…

SIMÓN   Me dedico a esto pero como autor. Las únicas veces que he salido al escenario ha sido para saludar en las noches de estreno. Ser actor es otra cosa.

NURIA   No te preocupes. Tampoco hace falta que seas Anthony Hopkins. Con escuchar tu respuesta, me vale. Es esto. (NURIA *le pasa la separata a* SIMÓN. *Este coge el papel y le echa un vistazo. De repente, su cara cambia de expresión. Parece como si estuviera leyendo su sentencia de muerte. Está a punto de echarse a llorar. Preocupada*.) Perdona… ¿Te ocurre algo?

SIMÓN   (*Nervioso*.) No, no. Es que… ¿Se llama Bea tu personaje?

NURIA   Sí, ¿por qué?

SIMÓN   Porque… ¿No cabría la posibilidad de que…, no sé, te llamases de otra manera?

NURIA   Créeme que lo siento. Pero no puedo hacer eso. Sería ir en contra de lo que ha escrito el autor. ¿Qué te voy a contar a ti?

SIMÓN   Ya, pero… (*Con dudas.*) Estoooo… ¿pastillas antidepresivas, tampoco tendrás en casa, verdad?

NURIA   Las tenía. Pero finalicé el tratamiento hace un mes. ¡Lo he pasado fatal!

SIMÓN   ¡Yo estoy todavía!

NURIA   ¿Con el tratamiento?

SIMÓN   No, ¡pasándolo fatal! El tratamiento lo sigo de aquella manera.

NURIA   ¿Y cuál es la causa?

SIMÓN   ¡Se llama Bea!

NURIA   ¡Acabáramos! ¿Tu mujer?

SIMÓN   ¡Ni eso! Vivíamos juntos porque a ella, eso del matrimonio, la horrorizaba un poco. En realidad, nunca supe muy bien si el pánico era a casarse, o a que el otro elemento de la pareja fuese yo.

NURIA   ¡No digas eso, hombre! Si decidió estar contigo, sería por algo.

SIMÓN   Al principio lo pensé y me dije, «si me quiere, será por algo». Pero cuando notas que aquello va haciendo aguas, que nada es igual que antes, te dices, «si no me quiere, será por alguien».

NURIA   ¿Pero sabes si está con otra persona o lo supones?

SIMÓN   Creo que estaba saliendo con otro. Los hombres somos como los prestidigitadores, cuando perdemos la magia, las mujeres buscan una nueva ilusión.

NURIA   Suele pasar. (*Pausa.*) Estoooo… Veo que no te encuentras bien. Y por mi culpa. No te preocupes. Me prepararé la escena en casa y así te dejo tranquilo.

SIMÓN   ¿Culpable tú? ¿De qué? En todo caso, a quien habría que asesinar es al autor del texto. ¡Con la cantidad de nombres de mujer que hay en el mundo y tiene que ir a estrellarse con el de mi ex! Pero bueno, esto no viene al caso. Vamos a lo que importa. ¿De qué trata la escena? Es para saber, más o menos.

NURIA   (*Duda.*) Es que…

SIMÓN   ¡De verdad que quiero ayudarte! Es un gran paso para tí y no va a ser una neura mía la que te lo impida. Dime.

NURIA   Pues la escena trata de... ¡una separación de pareja!

(*A* SIMÓN *le ha caído la respuesta como un jarro de agua fría en pleno invierno. Intenta asimilar lo escuchado, aunque le cuesta bastante. Pausa. Se le nota afectado, aunque intenta disimular. Evidentemente, el desarrollo de esta escena, debe resultar lo más cómico posible. Le hace a* NURIA *un gesto con la mano de que espere. Va hacia el carrito de las bebidas y se sirve una copa que se toma de un solo trago, ante la atónita mirada de la chica. Luego realiza una especie de rito de relajación. Vive interiormente una lucha contra sí mismo, aunque intenta infundirse valor. Poco a poco parece que se va recuperando. Toma aire, da media vuelta y se acerca a* NURIA.)

SIMÓN   ¡Venga! ¡Vamos a ello!

NURIA   (*Preocupada.*) ¿Estás seguro?

SIMÓN   ¡Totalmente! ¡Tú consigues ese papel! (*Toma la separata nuevamente y la mira con aire de ¡aquí estoy yo! Vuelve a tomar aire. Parece que va a decir alguna frase del texto. De repente, se viene abajo y exclama en tono llorón.*) ¿Quién habla primero?

NURIA   (*Desanimada.*) Empezaba hablando yo. Pero mejor será que lo dejemos. (*Coge la separata.*) Sé que quieres ayudarme. Y te lo agradezco pero no quiero ser la culpable de que pases un mal rato. Yo también he pasado por lo mismo que tú y sé lo que cuesta salir de ello. Por eso te dije lo de las pastillas.

SIMÓN   No quise preguntarte, por si era una situación más delicada. Pero sí, se pasa bastante mal. (*Pausa.*) ¿Te dejó tu chico?

NURIA   Más o menos. Se enrolló con una compañera de la escuela de teatro. Los pillé en un camerino... ensayando.

SIMÓN   Pero eso no tiene nada de particular. Estarían pasando papel.

NURIA   (*Dolida.*) ¿En pelota picada?

SIMÓN   (*Azorado.*) No, claro. Siendo así, la cosa cambia mucho. Bea desapareció de mi vida repentinamente. Ella era la primera en levantarse para ir a su trabajo. Por eso no me sorprendió su ausencia aquella mañana. Cuando fui a prepararme el desayuno, vi en la cocina un pósit pegado en el microondas, con una nota escrita. Decía: esto no funciona. Adiós.

NURIA   ¿Y cuándo te diste cuenta de que te dejaba?

SIMÓN   Más tarde. Porque conecté el microondas un par de veces y marchaba bien.

(NURIA *intenta contener la risa.*)

NURIA   Perdona. No me reía de ti. La verdad, es que los hombres no nos conocéis tanto como presumís en las tertulias o en la barra del bar.

SIMÓN   Probablemente pero, cuando estás enamorado, tampoco te fijas mucho en los dobles sentidos de una nota.

NURIA   Veo que su recuerdo sigue muy dentro de tí.

SIMÓN   Sí. Tú tienes mejor suerte porque has podido superarlo. En cambio yo…

NURIA   No creas. A veces, tengo mis ratos de bajón pero es lo que hay. (*Pausa.*) ¿Puedes ponerme algo de beber? Creo que ahora sí lo necesito.

SIMÓN   Naturalmente. (*Va hacia el carrito de las bebidas.*) No es que haya mucho donde elegir pero ya se sabe que quien da lo que tiene…

NURIA   No te preocupes. Un poco de güisqui. Pero no lo cargues demasiado, por favor.

SIMÓN   (*Lo prepara.*) Tranquila. Puedes confiar en mí. No soy de esos tipos que embriagan a las chicas para llevárselas a la cama. No es mi estilo.

NURIA   Lo sé. Aunque nos vemos muy raras veces, sé dónde te aprieta el zapato. Y mira que vivo dos pisos más arriba del tuyo. Creo que nuestra conversación más larga es esta. Quitando aquella vez que nos encontramos en la escalera. (SIMÓN *le da el vaso a* NURIA.) Gracias.

(NURIA *le indica que tome asiento en el sofá.* SIMÓN *se sienta a su lado.*)

SIMÓN   Me acuerdo perfectamente. Más que nada, porque el ascensor estaba en reparación y un tercer piso se hace notar mucho. Y más, cuando uno llega a cierta edad.

NURIA   Ya sabes que Murphy es imprevisible. ¿Tú no tomas nada?

SIMÓN   Con mucho gusto te acompañaría pero después del «lingotazo» que me he metido a lo bestia, igual tendrías que levantarme del suelo.

NURIA   Entonces… ¡Salud! (*Bebe.*) ¿Tú nunca te has puesto bolinga?

SIMÓN   (*Que no tiene idea de la palabra.*) No… ¡qué va! No me gusta hacerme nada en la cara. Después te la dejan como un cromo.

(NURIA *se ríe ante la atónita cara de* SIMÓN.)

NURIA   Perdóname nuevamente… Palabra que no es por ti. Me refería a si no te habías emborrachado nunca.

SIMÓN   (*Un poco cortado.*) Que yo recuerde una sola vez. Fue en la fiesta de una entrega de premios.

Pero me sentó como un tiro. Intenté alejarme de la barra pero ¡resultó inútil! porque como todo giraba a mi alrededor, no sé cómo coincidían las vueltas que terminaba volviendo a la barra otra vez. (NURIA *se lo está pasando bomba, imaginando la situación.*) Lo único que sí tuve claro aquella noche fue que no volvería a pillar una castaña como aquella.

NURIA   (*Divertida.*) Ya me lo imagino. (*Pausa.*) ¿Sabes? Si mañana me dicen, «señorita, ¡el papel es suyo!», te juro que pienso celebrarlo por todo lo alto.

SIMÓN   ¿Y quién te dice que no va a ser así? (*Se levanta.*) Venga, ¡manos a la obra, que vas a dejarlos a todos boquiabiertos!

NURIA   (*Se levanta. Ilusionada.*) ¿Quieres decir que…?

SIMÓN   (*Decidido.*) ¡Exactamente eso! ¡Dame el guion!

NURIA   ¿Y vas a enfrentarte a tus fantasmas por mí?

SIMÓN   ¿Y por qué no? ¿Tú sabes lo que me voy a ahorrar en pastillas?

NURIA   (*Ríe.*) ¡También es verdad!

(*Le pasa la separata.*)

SIMÓN   Veamos… (*Lee.*) En escena… Bea y… y…

(*Deja de leer.*)

NURIA   ¿Qué ocurre? ¿Se te hace cuesta arriba, verdad?

SIMÓN   No. Es por el nombre del otro personaje. ¿Es hindú o algo por el estilo?

NURIA   (*Sorprendida.*) ¿Hindú? ¡Qué va! ¿Dónde pone eso?

(*Se acerca a mirar la hoja.*)

SIMÓN   (*Señala un párrafo.*) Aquí lo dice: (*Lee.*) en escena Bea y Rame.

NURIA   (*Mira y se echa a reír.*) ¡No, hombre, no! Es un error... Son Bea y Jaime.

SIMÓN   ¡Ah! Ya decía yo (*Pausa. Sigue leyendo.*) Bea y Jaime están sentados, uno frente al otro. (*Pausa.* SIMÓN *mira a derecha e izquierda.*) Que, digo yo, para el caso, dará lo mismo uno frente al otro que uno al lado del otro, ¿no?

NURIA   Claro. Lo importante es el texto. Creo que me lo sé bastante bien. Si cambio alguna palabra, no te preocupes. Les interesa más una interpretación creíble y natural que un diálogo aprendido como un papagayo.

SIMÓN   Lo supongo. Ahora son más tiquismiquis en determinados aspectos. Pero como has dicho antes, es lo que hay. Sigamos.

NURIA   (*Interrumpe.*) Se me olvidaba. No es necesario que leas las acotaciones. Se pierde mucho tiempo. Vamos al diálogo directamente. Empiezas tú.

SIMÓN   (*Un poco liado.*) A ver cómo me organizo. Veamos. (*Busca en el texto.*) Se miran fijamente… ¡Ah, no! ¡Que esto no se lee!... (*Da con el párrafo.*) Ahora... Aquí está... (*A* NURIA.) Preparada, que voy, ¿eh? (*Se pone en el personaje. Lee.*) Bea, ¿has pensado bien el paso que vas a dar?

NURIA   (*En el personaje.*) Sí, Jaime. Es mejor para los dos. Hace tiempo que nada es como al principio. Ya no somos una pareja. Somos dos extraños, que no se conocen. ¿De qué serviría prolongar más esta situación?

SIMÓN
/JAIME   ¿Hay otra persona, verdad?

NURIA
/BEA   Yo también podría hacerte la misma pregunta.

SIMÓN
/JAIME   Sabes que nunca la hubo.

NURIA
/BEA   Entonces, estamos a la par en ese aspecto.

SIMÓN
/JAIME   Por favor, Bea, démonos una segunda oportunidad.

NURIA
/BEA   (*Breve pausa. Se levanta.*) Por ahora creo que
              lo mejor que podemos darnos es un tiempo.
              Quizá, más adelante…

SIMÓN
/JAIME   Como quieras. Dentro de unos días, te llama-
              ré. Y si, para entonces, no has cambiado de
              opinión…

NURIA
/BEA   Tendrás perfecto derecho a rehacer tu vida.

SIMÓN
/JAIME   No… seguiré esperando. Por si quizá, más ade-
              lante…

              (*Pausa. Ambos se miran fijamente.* SIMÓN *duda
              unos segundos. Mira el texto y luego a* NURIA.
              *Ella sonríe. No sabe si avanzar o quedarse pa-
              rado en el sitio.* NURIA *asiente con la cabeza.* SI-
              MÓN, *con un cierto corte, va hacia* NURIA *y le da
              un beso en la cara.*)

NURIA   (*Ríe, divertida.*) ¿Por qué has hecho eso?

SIMÓN   Pues, porque lo dice aquí. (*Muestra la hoja y
              lee.*) Breve pausa. Bea y Jaime se miran y él la
              besa.

NURIA   (*Sin perder la sonrisa.*) Ya. Lo sé pero no es un
              beso entre amigos o hermanos. Es un beso…
              de pareja.

SIMÓN   (*Tímidamente.*) Claro… Se da por sobreenten-
          dido pero es que no quería que pareciese…
          otra cosa. Total, solo nos conocemos de…

NURIA   (*Irónica.*) ¡De coincidir en el ascensor o en la
          escalera, también lo sé! Pero en esta profesión,
          he aprendido a distinguir entre caballeros y
          depredadores. Me fío de ti.

SIMÓN   Ya. Y te lo agradezco mucho pero…

          (NURIA, *sin previo aviso, abraza a* SIMÓN *y lo
          besa. Tiene que ser un momento tierno, dulce y
          emotivo. Fuera de toda vulgaridad. Momentos
          después, ella mira a su gratamente sorprendido
          interlocutor. Él no sabe qué hacer o decir. Pausa.*)

NURIA   ¿Ves como no ha sido tan difícil?

SIMÓN   (*Como en trance.*) No… No… Claro… Ade-
          más, ha estado muy bien . Por cierto, ¿quién
          será el afortunado?

NURIA   (*Sin comprender.*) ¿El afortunado?

SIMÓN   Sí. El actor que mañana haga la escena contigo.

NURIA   (*Ríe.*) ¡Ah, bueno! Creo que será el ayudante de
          dirección. Pero no creo que él piense lo mismo.

SIMÓN   Comprendo. De todas formas, ve sin nervios
          y con actitud positiva. (*Pausa.*) Por cierto, no
          sabía que eras tan buena actriz.

NURIA   Muchas gracias. ¿Lo crees de verdad?

SIMÓN   Tal y como lo siento.

NURIA   Bueno, no sé qué decir.

SIMÓN   Creo que la mejor frase es: ¡el papel va a ser mío!

NURIA   (*En tono simpático.*) ¡El papel va a ser mío!... (*Se echan a reír. Ella toma las manos de* SIMÓN.) ¿Sabes una cosa?

SIMÓN   Dime.

NURIA   Que no entiendo a Bea.

SIMÓN   ¿En qué sentido? ¿El personaje? ¿Algún matiz concreto?

NURIA   No estoy hablando ahora de mi Bea. Si no de tu Bea. (SIMÓN *no sabe qué responder.*) No es por hurgar en la herida pero personas como tú, no se encuentran todos los días. Eres un buen tío. Y mira que solo nos conocemos de… Bueno, ya sabes. (*Ríe.* SIMÓN *está conmovido.*) Pero, a veces, la gente no valora según qué cosas y se quedan con lo superficial. ¡Así terminan después, claro! (*Transición.*) Así que… ¡Venga!... No quiero verte en plan chungo. De ahora en adelante, tú y yo seremos nuestras propias pastillas. Y a quienes tú y yo sabemos… ¡Que les den! ¿Trato hecho?

(SIMÓN *asiente, emocionado. Pausa. Con las pocas fuerzas anímicas de que dispone responde.*)

SIMÓN   Muchísimas gracias. Te lo digo de corazón. A partir de este momento, saldré más veces a la calle, por si a la vuelta, coincido contigo en... Bueno, ya sabes.

(*Ríen.*)

NURIA   ¿Y para qué? Yo puedo venir a verte a ti y tú puedes ir a verme a mí. No hay problema.

SIMÓN   Ya. Si, por mí, de acuerdo. Pero los vecinos... Aquí hay tres o cuatro que hay que echarles de comer aparte.

NURIA   Me tienen sin cuidado. Que se preocupen ellos de sus vidas, que seguro merecen más de un debate. (*Breve pausa. vuelven a mirarse. Pausa.*) Bueno... me voy, que tendrás un montón de cosas que hacer y te estoy entreteniendo.

SIMÓN   Estoooo... ¿puedo pedirte un par de cosas? (*Matiza.*) Tranquila, que no se trata de una proposición indecente.

NURIA   (*Ríe.*) Gracias por la aclaración, pero ya sabes lo que te he dicho antes sobre distinguir quién es quién. Dime.

SIMÓN   La primera que, por favor, no cambies nunca. Y la segunda, y no menos importante, saber si recordabas el teléfono de tu ex. Me gustaría decirle que es un imbécil.

NURIA   En lo primero, puedo hacerte caso. En lo segundo, no hace falta. Creo que se habrá dado cuenta por sí mismo. Pero te lo agradezco. Tú tampoco cambies. Y espero que pronto llegue la mujer que te merezca.

SIMÓN   Gracias, lo mismo deseo para ti. Que se presente un príncipe maravilloso, pero… ¡que no te salga rana! (*Ríen.*) Y mucha «mierda» para esa prueba. ¡Lo conseguirás!

NURIA   Muchas gracias. Y parte de ese logro, te lo deberé a ti.

SIMÓN   (*En tono modesto.*) No, por favor... Yo solo me he limitado a darte la réplica. El talento lo has puesto tú.

NURIA   Con vecinos así da gusto. (*Pausa.*) Lo dicho. Te repito las gracias. Esta noche le daré un último repaso al texto y que pase lo que sea. Hasta mañana.

(*Inicia mutis.*)

SIMÓN   Pensaba yo que... si te apetecería que cenásemos juntos y así te ayudo a afianzar el papel. Solo si tú aceptas, claro. No soy un «chef» de cinco estrellas pero saldrás con vida de la experiencia.

NURIA   (*Se acerca a* SIMÓN.) Verás, no es que no me apetezca... Quizá más adelante.

SIMÓN   (*Irónico y desilusionado.*) Creo que he oído eso no hace mucho rato. Lo siento.

NURIA   ¿Eres autor y no sabes lo que es un doble sentido?

SIMÓN   (*Extrañado.*) No comprendo.

NURIA   (*En tono amable.*) Veamos... Quizá venga a cenar contigo otro día. Cuando tengas alguna estrella más como «chef». Así que, dicho lo cual, soy yo quien te invita a cenar en mi casa. Y no admito un NO por respuesta.

SIMÓN   (*Nervioso.*) ¡Ah, pues bueno! A fin de cuentas, mi casa es tu casa... Tu casa es la casa de mi casa. Y la casa de mi casa, es la casa de la casa de tu casa. (*Liado.*) Bueno....

NURIA   (*Ríe.*) ¡Tranquilo, hombre! Que me vas a contagiar tus nervios y mañana no voy a dar pie con bola.

SIMÓN   (*Controlándose.*) Sí, disculpa. ¿Qué pensarás de mí?

NURIA   (*Se acerca a* SIMÓN.) Que no sabe Bea lo que se ha perdido. Y no me refiero a esta.

(*Muestra la separata.*)

SIMÓN   (*Gratamente sorprendido.*) Muchas gracias. ¿Conoces alguna clínica donde pudiesen quitarme quince o veinte años de encima?

NURIA   ¿Para qué? (*Señala el cuadro de Woody Allen.*) Si Woody opina que «todos dicen I love you», tienes el mismo derecho que cualquier otro, ¿no?

SIMÓN   (*Ilusionado.*) Entonces…, ¿no supone un obstáculo para tí nuestra diferencia de edad? Bueno…, ¡tampoco soy tan mayor!

NURIA   (*Irónica.*) Tranquilo, que te respetaré hasta que cumplas los dieciocho años. (*Ríen los dos.* NURIA *inicia mutis.*) Te espero en casa sobre las nueve. No tardes. Ciao.

         (*Le lanza un beso con la mano y hace mutis. Pausa.* SIMÓN *está como en trance. Pasea por el salón. Le cuesta creer lo sucedido. Avanza hacia el centro de escena, se vuelve y mira el cuadro de Woody Allen.*)

SIMÓN   ¿Has visto, Woody? ¡Yo solito! ¡Y sin ayuda de Humphrey Bogart! Soy un genio. (*Coge el manual.*) Bueno, muchacho. Creo que ya no voy a necesitarte más. Al menos, de momento. Cuando los hombres llegamos a esa edad que llaman delicada y nos vienen estas sorpresas, más que una «Guía del amante perfecto», lo que necesitamos, es un «Libro de oraciones» para que no aparezca otro más joven y te haga la puñeta. Más otra guía, titulada «Cómo no hacer el ridículo en la cama». ¡En fin! Te guardaré en un cajón, para tenerte a mano en caso de emergencia.

(*Deja el manual en el sofá y se dirige al equipo de música. Pulsa una tecla y suena nuevamente el tema* As time goes by. SIMÓN *la escucha con gesto feliz y tararea la melodía. Baja un poco la luz de escena. Vuelve al sofá y toma asiento, confortablemente. Entra como en una especie de plácido sueño. De repente, como si sucediera por arte de magia, se ilumina la entrada de calle y aparece* NURIA. *Viste igual que antes. Mira hacia el sofá, avanza y se sitúa delante del mismo. Mira dulcemente a* SIMÓN, *que se despierta y se encuentra gratamente sorprendido ante la vista de la chica. Se incorpora. Mira a* NURIA *sin saber si creerse o no lo que ve.*)

NURIA   (*Dulce.*) ¡Hola!

SIMÓN   (*Pasmado.*) E... ¿eres tú?

NURIA   ¿A ti qué te parece?

SIMÓN   Yo creo que sí. Salvo que me esté sucediendo lo mismo que a Mia Farrow en «La Rosa púrpura de El Cairo».

NURIA   ¿Bailamos?

SIMÓN ¿Esta melodía? Te lo digo porque a Bea no le hacía mucha gracia.

NURIA No te preocupes (*Recordando la escena de* Casablanca.) Si ella pudo resistirla… ¡Yo también! (*Como si se dirigiese a un pianista imaginario.*) ¡Tócala, Sam! ¡¡Y no pares!!

(SIMÓN *está alucinando.* NURIA *le abraza y bailan. Poco a poco, él se va dejando llevar por la magia del momento. Ambos ofrecen la mejor imagen de dos personas enamoradas. De repente,* SIMÓN *mira hacia el cuadro de Woody Allen y hace un aparte, en tono confidencial.*)

SIMÓN ¡Gracias, Woody! Te debo una!

(*Siguen bailando, felices. Poco a poco va bajando la luz de escena, mientras cae el…*)

Telón.

Esta primera edición de *Aventuras y desventuras de Sancho Panza* y
El aprendiz de Woody Allen,
de Pedro Javier, terminó de imprimirse
en mayo de dos mil veinticinco,
en Madrid.